道中有道

——职业操盘手解密中国股市

姜小白　辰　星　著

图书在版编目(CIP)数据

道中有道：职业操盘手解密中国股市 / 姜小白，辰星著. —北京：地震出版社，2020.9

ISBN 978-7-5028-5190-3

Ⅰ.①道… Ⅱ.①姜… ②辰… Ⅲ.①股票市场-市场分析-中国 Ⅳ.①F832.5

中国版本图书馆 CIP 数据核字(2020)第 021613 号

地震版 XM4413/F(5910)

道中有道——职业操盘手解密中国股市

姜小白 辰 星 著

责任编辑：李双双

责任校对：凌 樱

出版发行：地震出版社

北京市海淀区民族大学南路9号　　　　邮编：100081
发行部：68423031　68467993　　　　传真：88421706
门市部：68467991　　　　　　　　　　传真：68467991
总编室：68462709　68423029　　　　传真：68455221
证券图书事业部：68426052　68470332
http://seismologicalpress.com
E-mail：zqbj68426052@163.com

经销：全国各地新华书店

印刷：北京广达印刷有限公司

版(印)次：2020年9月第一版　2020年9月第一次印刷

开本：787×1092　1/16

字数：188 千字

印张：12.75

书号：ISBN 978-7-5028-5190-3

定价：48.00 元

版权所有　翻印必究

(图书出现印装问题，本社负责调换)

推 荐 序

姜小白与我也算是旧相识了，在业内其实力和声誉也是远近闻名的。作为中国第一代操盘手，我们见证了太多朋友的离去，当年亿安三杰中的缠师李彪和汤凡都已英年早逝，如今仅剩下我郭庆一人，姜小白是为数不多能经得住市场大浪淘沙的操盘手。由于其特殊身份和对于中国股市存亡之道的深入了解以及独到见解，多年来，我都十分关注姜小白对于市场的观点。如今由其亲自口述，由其徒辰星执笔所创作的《道中有道》必是市场一线投资者一部珍贵的资料。

姜小白说："我们市场里上亿的投资者（包括专业的投资人）每天都在用着被自己奉若神灵的、各种生搬硬套的西方理论学说，判断着中国股市未来发生的一切，这是一个多么可笑的事情？但就这个可笑之极的事情，大家却在乐此不疲地重复使用。"一个人敢于站在市场所有理论的对立面，谈笑间是何等的自信与豪迈。想当初，缠论的问世也是如此，汇集了三位缠师心血的理论颠覆了传统炒股理论，为投资者打开了一道新的思想大门。当我看到由姜小白和辰星创立的道论有异曲同工之妙，无论是缠论还是道论，两者的理论基础都是建立在股市实战上。虽然二者在市场中所走的道路不同，但是殊途同归。在我国的股市，检验理论好坏的原则极其简单，只要是可以赢钱的理论就是好理论，否则都是糟粕。中国股市从来都不缺少夸夸其谈的评论家和昙花一现的股神，但是，真正能在这个市场活过二十年的又有几人？

《道中有道》从交易制度、投资主体和投资标的三方面深刻论证中国股市的独特性，进而提出具有中国特色的道论投资体系。体系分为道、法、术三层，分别为以道为大盘趋势，以法为选股理论，以术为买卖方法。书中引经

道中有道

据典，讲述中国股市二十多年的往事，其间还有许多业内轰动一时的事例，读此书犹如翻开中国股市历史画卷，若是老一批的从业者定将产生共鸣。

姜小白对于大盘趋势研判给予了至高的地位。这点我感同身受，那些自以为可以买完所有流通盘而忽视大盘的狂妄之徒早已成了家中枯骨，那些自以为身怀绝技而无视大盘的自大之辈也是尸骨堆成了山。只要你是在市场一线的，大盘的趋势就会决定你交易的生死，掌握过大资金的同行都应该知道大盘对于交易者的地位，而书中所讲道论研判大盘的方法同样给我启发，正所谓"得道者多助，失道者寡助"，而这"道"正是研判对大盘的趋势方向。

对于本书中道论的"法"是投资股票的选择，在股市，选择比努力更重要。对于机构投资者，一个劣质的项目，即使你的资金再雄厚也很难最终全身而退；对于散户，一个跌跌不休的个股，即使你倒差价的水平再高也很难保全账户。目前，我们的市场有将近四千只股票，估计姜小白直接或者间接走访了解过的企业已超半数，对于他这种实地走访，了解上市企业实实在在状况的，谈起投资标的选择时一定游刃有余，也会给读者以宝贵的经验。

对于书中道论的"术"是买卖方法，我深知其心，也就是在道与法都了然于胸后，买卖就变得水到渠成了。就如同真正的高手无须手中有剑，折枝叶就可为利刃，这里大家就可以采用自己所擅长的买卖方法了，正所谓十八般武器，你选你自己所长，当然采用缠论三买三卖也可。

股市本就是一个修罗场，这里能得道的人为数不多，每个最终得道者都有自己独一无二的修炼过程。之间看法有分歧也是再正常不过的，谁也没有垄断过股市通往成功的道路，无论是道论还是缠论。只有坚持百家争鸣，百花齐放，真理才能被发现，才能得到发展。尽管我和姜小白的一些观点不尽相同，我依然愿意郑重地向大家推荐姜小白与其徒辰星的新作——《道中有道》。

2020 年 7 月 18 日

自 序
——逆境重生

中国股市从来不缺乏如流星一般耀眼而短暂的天才，但真正能在牛熊轮回中做到如恒星一般稳定而持续的高人实在少之又少。我们的市场无时无刻不在上演着波澜壮阔的大涨大跌画卷，每轮牛熊转换都在书写着被千万投资人追捧的牛人、神人，但最终都会销声匿迹。在证券市场中，绝大多数投资者都是亏损累累，内心疲惫不堪，而环顾我们周围的所有行业，哪个行业不是成功的人少、失败的人多呢？其实所有行业都一样，成功的人从来都是少数，资本博弈更是少数成功者的游戏，就像丛林法则所讲的，物竞天择、优胜劣汰、弱肉强食，它是资本市场永远不变的法则。

笔者1996年进入股市，时间如白驹过隙二十多年转瞬即逝，我从无知无畏的青葱少年，变成了时刻敬畏市场的历练老成之人；从一无所知的散户到实力不俗的操盘者；从呼风唤雨的机构到负债累累的爆仓客。阅尽四次牛熊转换，人生荣辱更是随牛熊大起大落，时而生活在云间，时而又跌入深谷，起伏轮回，内心虽伤痕累累，但同时也收获满满。

过去的两年，每个月我都会在上海交大私募基金经理高级研修班上授课，给同学们授课是我一件特别有意义的事情。各位同学都是掌控着数亿资金的正规注册持牌基金经理。在授课过程中，我将自己积累多年的经验传授给他们，课程给了我压力，要求我更严密地整理思路，更认真地去分析市场，也促使了我的进步。而同学们给予我的信任和尊重，都成了我生活中最珍贵的经历，我和同学们一起努力共同提高运用道论投资体系的技能，成功避开5178点以来的多次暴跌(近4年的熊市)。我常对同学们说，不要羡慕别人的

道中有道

基金排名，只要你通过学习掌握了中国股市独有的运行规律，找到了好的应对策略，你就能够从容面对所有的风风雨雨，你的基金业绩未来自然会成为市场最大的黑马。通过这两年来的授课，积累的多年经验逐渐清晰和系统化，一个适用于我们中国股市的投资体系逐渐形成，暂就称它为道论投资体系吧。这是一个抛弃西方理论学说，扎根于我们东方哲学，以笔者血与泪的教训为基础，从实战中学习再运用到实战的全新理论。

环顾我们身边的投资失败者，他们总是为自己的失败找到一万条理由，如市场变化太快、市场没有规律、市场不成熟、人为因素太多等，这些抱怨和泪水没有给他们换来任何些许的金钱，却给他们的生活带来了无限的烦恼。

在我从业的20多年里，中国股市发生了4次大行情，有哪一次行情是可以套用西方理论学说来提前判断预测的？答案可以肯定地说，没有。纵观大盘1998年的下跌、2002年的下跌、2007年的下跌、2015年的下跌，虽然每次下跌的理由各不相同，但历经沉浮后我终于明白，面对覆巢之下的市场走势，岂止是形态分析、技术指标和基本面分析能解决的？但众多投资者宁愿相信西方理论和市场上的噪音，每天抱着幻想也不愿意承认市场实实在在的下跌，以及给自己带来的血淋淋的现实。市场上的西方经典投资理论在中国市场缘何屡屡失败？究其原因，这些作品还都是停留在"术"的层面，而我们需要追求的是浑然天成的"道"的境界。更因为西方的市场与我们的市场有着本质的区别：交易制度、上市公司、投资者构成完全不同。正所谓：橘生淮南则为橘，生于淮北则为枳，叶徒相似，其实味不同。所以然者何？水土异也。如果要想在我们的市场中生存，就必须要找到适应我们市场的理论，道论投资体系应运而生。运用东方哲学智慧，结合多年的实战经验，本人创立以道为大盘趋势，法为选股理论，术为买卖方法，适应中国股市独特规律的扛鼎之作破土而出。

本书分为五大章：第一章论述道论投资体系"术"层面的理论和技术，它是亏损的根源。仔细分析了市面上常用的炒股方法，如基本面分析、技术面分析、理论分析和内幕消息等，并点破它们的弱点。第二章解析东方道家哲

自 序

学的中国股市，分别从交易制度、资金构成和上市公司三个方面说明中国股市的独特性和差异性。第三章详解道论体系中何为"法"——标的选择，使用两种方法：辩证高低选股法和两仪四象选股法。第四章讲解道论投资体系中何为"道"——大盘趋势，此为本书的核心内容，剖析大盘的前世今生，透过政策、经济和救市看股市浮沉，并与世界其他股市进行对比分析，教授大家如何去判断大盘与制订策略。第五章讲解道论投资体系中何为"心法"——战胜心魔，首先分析心魔产生的原因，进而提出以道家心法战胜心魔，最终上升到对人生的思考。人生亦股市，股市亦人生，股市最终比的是投资者的阅历和素养。

身处在市场之中，心在市场之外。遵循中国股市独有的市场规律才是我们追逐的目标！

本书所述投资方法有不妥之处，欢迎大家批评指正，共同交流一起进步！
电子邮箱：1642513361@qq.com

姜小白于上海陆家嘴
2020 年 6 月 8 日

目 录

第一章 "术"层面的理论和技术是亏损的根源 ……………… 1

    第一节 学习选择比努力更重要 ……………………………… 3

    第二节 当前多数投资者靠什么"术"决定股票买卖 ………… 5

    第三节 为什么掌握了这些以为可靠的"术"还是亏损 ……… 29

第二章 了解东方道家哲学的中国股市 …………………………… 51

    第一节 不变的"交易制度" ………………………………… 53

    第二节 不变的"资金构成" ………………………………… 62

    第三节 不变的"上市公司" ………………………………… 82

第三章 何为道论中的"法"——标的选择 …………………… 85

    第一节 何为股票中的法 ……………………………………… 87

    第二节 辩证高低选股法 ……………………………………… 90

    第三节 两仪四象选股法 ……………………………………… 97

    第四节 道论选股流程 ………………………………………… 104

第四章 何为道论中的"道"——大盘趋势 …………………… 109

    第一节 大盘的前世今生 ……………………………………… 111

第二节　政策对股市的影响 ……………………………… 123
第三节　通过经济周期看中国股市浮沉 ………………… 138
第四节　通过救市看中国股市浮沉 ……………………… 141
第五节　中国股市与世界成熟股市的区别及联系 ……… 145
第六节　中国股市的运行规律 …………………………… 151
第七节　教你如何判断大盘 ……………………………… 153
第八节　"道"与策略制订 ………………………………… 165

第五章　道论"心法"——战胜心魔　171

第一节　贪婪与恐惧是亏损的心魔 ……………………… 173
第二节　投资心魔的成因 ………………………………… 175
第三节　以道家心法战胜心魔 …………………………… 178
第四节　市场与人生 ……………………………………… 187

后　记 …………………………………………………………… 190

> 来到股市的绝大多数投资者都是亏损的，他们或许某次赚过钱，但最终都是以亏损惨重收场，更可悲的是，这些投资者仍然不知道自己亏损的根本原因。

第一章
"术"层面的理论和技术是亏损的根源

上士闻道，勤而行之；中士闻道，若存若亡；下士闻道，大笑之。不笑不足以为道。故建言有之：明道若昧，进道若退，夷道若类。上德若谷，大白若辱，广德若不足，建德若偷，质真若渝。大方无隅，大器晚成，大音希声，大象无形，道隐无名。夫唯道，善贷且成。

——《道德经》

我国股市里投资者众多，过亿计，但得道者又有几人呢？问起股市投资之法，每位投资者都能侃侃而谈：什么基本面分析，从公司估值到财务报表无一不精；什么技术分析，从K线到指标无一不知；什么理论分析，从道氏理论到波浪理论无一不晓；抑或是内幕消息，从公司职员到董事长无所不知。可到头来呢？都是嘴上滔滔不绝神乎其神，打开账户都是惨不忍睹。在笔者看来，他们亏损的罪魁祸首正是他们一直所深信不疑的投资方法。因为他们这样的炒股票仍停留在"术"的层面上，正如《道德经》中所言，"大方无隅，大器晚成，大音希声，大象无形，道隐无名。夫唯道，善贷且成。"只有炒股上升到"道"的境界才能善贷且成、善始善终。本章先点明市场中众多投资者所依赖的各种"术"的形式，进而逐一去点破各种"术"的命门，以期重新构建适应中国独特股市的投资体系。

第一章 "术"层面的理论和技术是亏损的根源

第一节 学习选择比努力更重要

金庸笔下的郭靖，可谓是家喻户晓。书中讲述了一段郭靖学武的故事堪称经典，在笔者看来，学武与学股本就是一回事，选择比努力更重要。

起初郭靖拜师江南七怪，七位师傅倾囊相授，徒弟也是倾尽全力学习，但最终收效甚微，甚至郭靖都觉得自己太笨。这不就如入股市的你我。回忆起22年前的往事，那时的我还是一个匆匆少年，怀着对股市的淘金梦，带着父母几十万的血汗钱开启了股市之旅。现在回首当时真是初生牛犊不怕虎，似乎新手头几把下注都会手气特好。起初一无所知的我还赚了些钱，后来才发现这才是厄运的开始。我开始陷入连续的亏损当中无法自拔，不但把利润回吐光了，还损伤了本金，本金缩水50%。无助与悔恨终日萦绕在脑海里，那是父母多年的积蓄、血汗钱啊。当时的自己整夜整夜地睡不着觉，眼泪止不住地往外流，打湿了枕巾。幻想着只要能让我回本就行，还给我那起初的本金就再也不玩股票了。但现实是残酷的，市场并没有因为我的可怜就饶过了我。

在家人的鼓励下，我开始了股市求学之路，拜访各地名师，学习各种炒股方法。基本上市面上有的理论和方法我都学习研究过。当时整个人像是着了魔，开盘时间死盯着盘面，下午一收盘就开始学习；一学就到了深夜一两点，第二天六点多就睡不着，爬起来研读各种公告和新闻。可到头来又如何呢？起初也赚过钱，但最终的结果是：我把父母给的本金亏得一分不剩。我也曾怀疑过自己不适合炒股，甚至一度怀疑人生，认为自己走背运，还拖累了父母，真是无颜面对他们。现在想想，单从炒股来讲，谁比谁聪明多少呢？股市赚钱难道拼的是谁运气好？在笔者看来，任何人都能炒股票，任何人也都能在这个市场中赚钱。前提是明其法，得其道。学习的方向对了，只要坚持下去必定功成身就。相反，选择错了学习对象，再努力都枉然，甚至南辕北辙，在亏损的道路上愈行愈远。

全真教马钰接手后，得知郭靖并无内功，他认为"教而不明其法，学而不得其道"是其进步太慢的原因。马钰并未教他一招一式，只要求每天夜深人静之后到后山山顶找他，只教给他打坐呼吸之法。如是，坚持有两年时光，扎下内功根基，而后郭靖翻山如履平地、不知不觉功力大长。相比之下，马钰在短短两年中教导郭靖呼吸吐纳之法，所得的成就比江南七怪十八年呕心沥血的教导完全要多得多。炒股亦是如此，炒股水平的高低岂止在于股龄的多少？看看多少20世纪90年代入市的老股民现在仍然赔得晕头转向。最近新认识的几个晚辈，年纪轻轻就已经掌控过亿资金而且经典战役成绩显著。笔者认为，现在市面上所有的炒股方法都是西方股市变形的产物，这些仍然停留在"术"的层面。就如同江南七怪教给郭靖的一招一式一样，如果投资者就在这个"术"的层面上下功夫，恐怕从黑发学到白首也难以在股市有所作为。我们学炒股不仅要弄清股市的"术"，更重要的是要得其道，明其法，最终做到"术"符合"法"，"法"基于"道"，"以道御术"，最终实现"会当凌绝顶，一览众山小"的至高境界。

第二节　当前多数投资者靠什么"术"决定股票买卖

在股市中，无论你学到了何种绝招或者秘籍，最终归结于买卖交易，而买卖交易就是炒股票"术"的层面。读到此处的你可以思考一个问题：自己是依据什么买卖股票的呢？

(1)或许答案是分析各上市公司经营情况；

(2)或许是指标出现买卖信号；

(3)或者是打探内部消息等等。

我们将市场中这些买卖依据进行区分大致上可以归为四类：

(1)基本分析类；

(2)技术面分析类；

(3)理论分析类；

(4)内幕消息类。

一、通常的基本面分析

股票投资基本面分析一般采用自上而下的分析方式，即通过对宏观经济指标、行业发展状况、公司经营状况等的分析，运用基本面分析方法评估股票价格的涨跌以及投资价值。

(一)宏观经济分析

宏观经济分析探讨各经济指标和经济政策对股票价格的影响，主要分析国内生产总值(GDP)、经济周期和通货膨胀三个指标。

1. 国内生产总值(GDP)的变动对证券市场的影响

(1)持续、稳定、高速的 GDP 增长：在这种情况下，社会总需求与总供给协调增长，经济结构逐步合理，趋于平衡。经济增长来源于需求刺激并使闲置或利用率不高的资源得以充分利用，从而表明经济发展的良好势头。这时，证券市场将基于上述原因而呈现上升走势，显然在这种情形下，股票价格会上升。

(2)高通货膨胀下GDP增长：高通货膨胀下GDP增长必将导致未来的"滞胀"（通货膨胀与增长停滞并存）。这时，经济中的矛盾会突出地表现出来，企业经营将面临困境，居民实际收入也将降低。因而失衡的经济增长必将导致证券市场下跌。相应地，股票价格也会下跌。

(3)宏观调控下的GDP减速增长。这时，证券市场亦将反映这种好的形势而呈平稳渐升的态势。因此，股票价格也会逐渐上升。

(4)转折性的GDP变动。如果GDP一定时期以来呈负增长，当负增长速度逐渐减缓并呈现向正增长转变的趋势时，表明恶化的经济环境逐步得到改善，证券市场走势也将由下跌转为上升。当GDP由低速增长转向高速增长时，表明低速增长中，经济结构得到调整，经济的"瓶颈"制约得以改善。新一轮经济高速增长已经来临，证券市场亦将伴之以快速起涨之势。此时，股票价格也会出现相应的上涨。

2. 经济周期与股价波动的关系

经济总是处在周期性运动中，景气来临之时首先上涨的股票，往往在衰退之时首先下跌。总体来说，经济周期与股价变动的关系是：复苏阶段——股价回升，高涨阶段——股价上涨，危机阶段——股价下跌，萧条阶段——股价低迷。经济周期通过下列环节影响股票价格：经济周期变动—公司利润增减—股息增减—投资者心理变化—供求关系变化—股票价格变化。

3. 通货膨胀对证券市场的影响

(1)通货膨胀对股票市场的影响。在适度的通货膨胀下，人们为避免损失而将资金投向股市。通货膨胀初期，物价上涨，生产受到刺激，企业利润增加，股价因此看涨。但持续增长的通货膨胀使企业成本增加，而高价格下需求下降，企业经营恶化。特别是，政府此时不得已采取严厉的紧缩政策，企业经营则犹如雪上加霜；企业资金周转失灵，一些企业甚至倒闭，股市在恐慌中狂跌。

(2)通货膨胀对债券市场的影响。通货膨胀提高了债券的必要收益率，从而引起债券价格下跌。适度通货膨胀下，人们企图通过投资于债券实现资金保值，从而使债券需求增加，价格上涨；未预期的通货膨胀增加了企业经营的不确定性，降低了还本付息的保证，引起债券价格下跌。过度通货膨胀将使企业经营发生困难甚至倒闭，同时，投资者将资金转移到实物资产和交易上寻求保值，债券需求减少，债券价格下降。

(二)行业发展分析

行业发展分析帮助我们在股票投资过程中找到一个更加向好的行业，主要是从行业基本状况、行业特征、行业周期和行业结构四方面进行分析。

1. 行业基本状况

行业基本状况包括这个行业的前世今生，包括它的发展历程回顾、现状、行业容量以及对未来的预测，如图1-1所示。有的企业规模做不上去，不是企业本身的问题，而是行业规模就那么大，就算做到了行业第一又能怎样。这样的企业可能通过收购延长产业链，因为通过自身力量很难突破行业瓶颈。

2. 行业特征

行业特征是影响企业投资价值的重要因素之一。不同企业之间其特征差异比较大。比如说零售行业，该行业进入门槛不高，企业竞争激烈。整个行业呈现出经营品种多、周转速度快以及行业毛利率低的特点。而拿制药企业来说，企业首先要取得政府颁发的生产许可证，行业进入门槛高；再加上药企资金投入大，对高级专门人才的需求大，工艺复杂等，其利润率要高于一般行业。所以说，同行间的企业更具有可比性。行业特征包括竞争特征、需求特征、技术特征、增长特征和盈利特征，如图1-2所示，其中，竞争特征

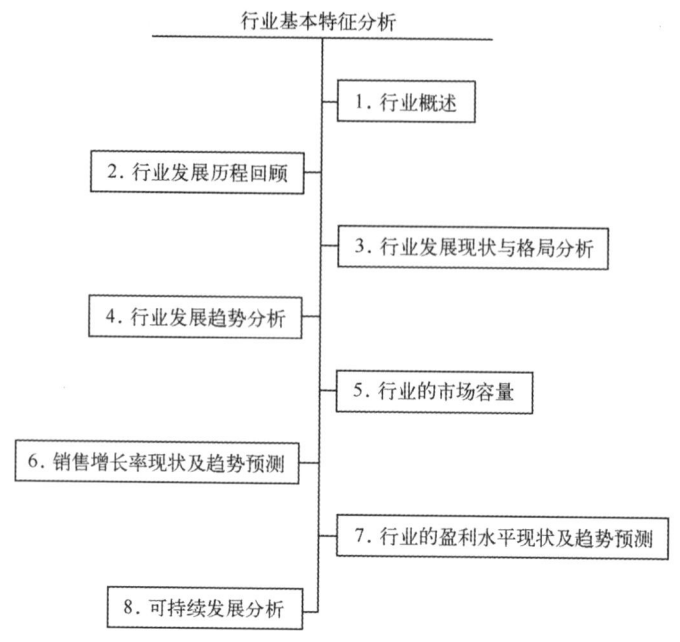

图 1-1　行业基本特征分析

中提到了资源的可得性。稀缺即是宝，比如稀土：当前，我国稀土行业已经形成了五大集团，若是它们进一步整合，将形成垄断地位。那么，就跟美国因垄断钛白粉的供应而涨价一样，我们也可以在国际稀土的供应商中掌握定价权，如图 1-3 所示。

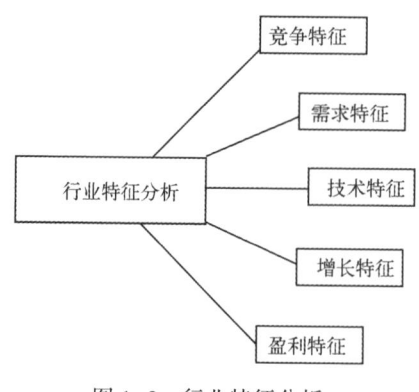

图 1-2　行业特征分析

第一章 "术"层面的理论和技术是亏损的根源

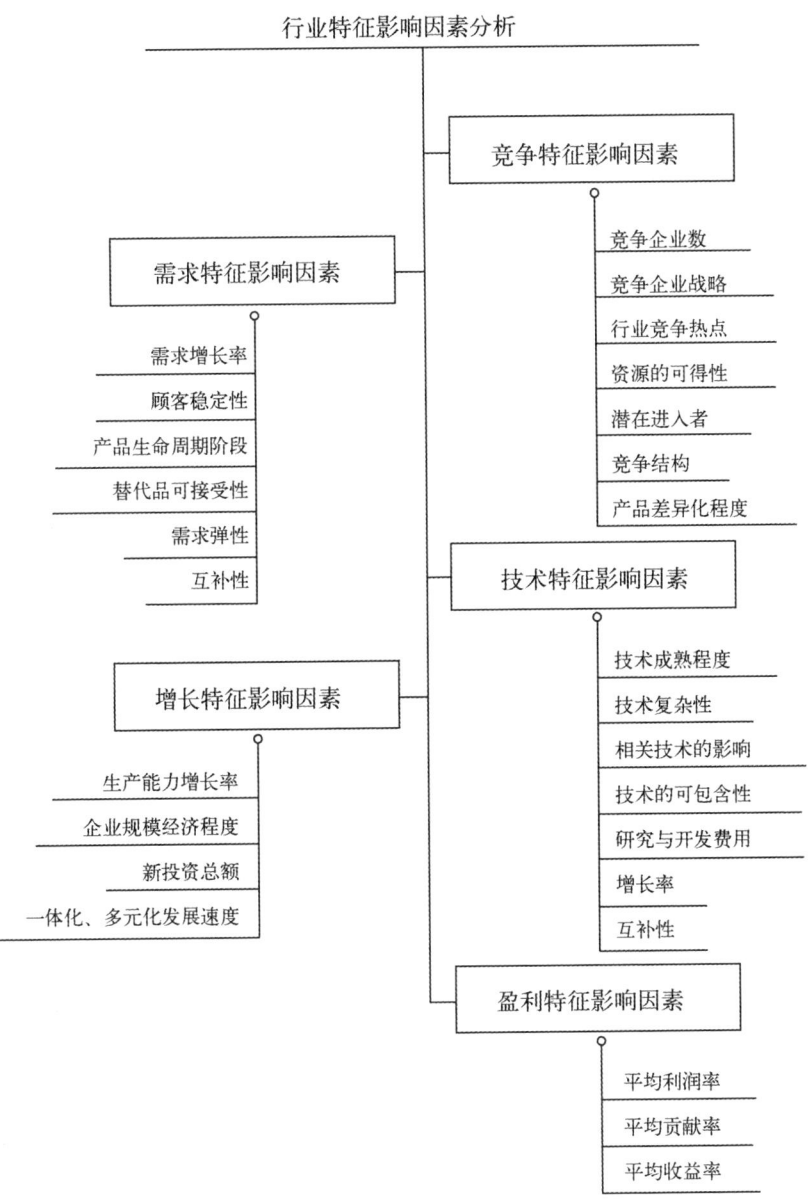

图 1-3 行业特征影响因素分析

3. 行业周期分析

行业周期分析一定要结合产品周期。比如说汽车行业，传统燃油汽车发展已经成熟，但是新能源汽车却方兴未艾；比如说自行车行业已经饱和衰退，但是共享单车的出现给自行车生产商带来了大量订单。所以说，技术变革和商业模式的创新，可能让处于成熟衰退期的行业"老树发新枝"。行业周期没有绝对的衰退与否，我们要结合产品周期来看，如图1-4所示。

行业生命周期分析

	投入期	成长期	成熟期	衰退期
顾客	需要培训早期采购者	更广泛地接受 模仿购买	巨大市场 重复购买 品牌选择	有见识 挑剔
产品	处于试验阶段 质量没有标准 也没有稳定的设计	产品的可靠性 质量、技术性和设计产生了差异	标准化产品	产品范围骤减 质量不稳定
风险	高	增长掩盖了错误的决策	重大	广泛波动
利润率	高价格 高毛利率 高投资 低利润	利润最高 公平的高价 和高利润率	价格下降 毛利润下降 净利润下降	利润下滑
竞争者	少	参与者增加	价格竞争	一些竞争者退出
投资需求	最大	适中	减少	最少或没有
战略	市场扩张 研发是关键	市场扩张 市场营销是关键	保持市场份额	做好成本控制 或者选择退出

图1-4 行业生命周期分析

4. 行业结构分析

行业结构分析是行业分析的一个方面，分析的过程中通常用赫尔曼指数或者CR4、CR5或者CR10来表示这个行业的集中程度。如果前几大厂商的集中度不到40%，该行业就存在很多机会。比如现在的生物医药行业，目前行业结构分析最常用的是波特五力模型来分析，如图1-5所示。再研究影响这五力的因素，比如说影响新入者威胁的因素有哪些？法律障碍、先行者的规模优势等，都会影响到行业的进入门槛(图1-6)。

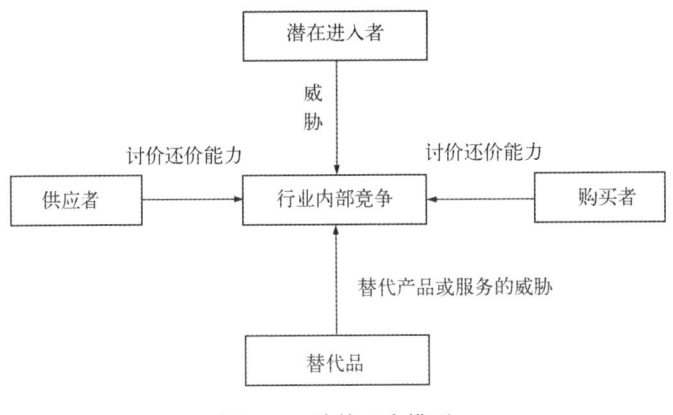

图1-5 波特五力模型

(三) 公司经营分析

对于上市公司投资价值的把握,具体还是要落实到公司自身的经营状况与发展前景。一般是从公司基本面情况、公司财务状况、公司估值三方面进行分析。

1. 公司基本面分析

(1)从公司行业地位分析,在行业中的综合排名以及产品的市场占有率决定了公司在行业中的竞争地位。行业中的优势企业由于处于领导地位,对产品价格有较强的影响力,从而拥有高于行业平均水平的盈利能力。

(2)要对公司经济区位分析,经济区位内的自然和基础条件包括矿业资源、水资源、能源、交通等。如果上市公司所从事的行业与当地的自然和基础条件相符合,更利于促进其发展。区位内政府的产业政策对于上市公司的发展也至关重要:当地政府根据经济发展战略规划,会对区位内优先发展和扶植的产业给予相应的财政、信贷及税收等方面的优惠措施,有利于相关产业内上市公司的进一步发展。

(3)公司产品分析,公司提供的产品或服务是其盈利的来源。产品竞争能力、市场份额、品牌战略等的不同,通常对其盈利能力产生较大的影响。

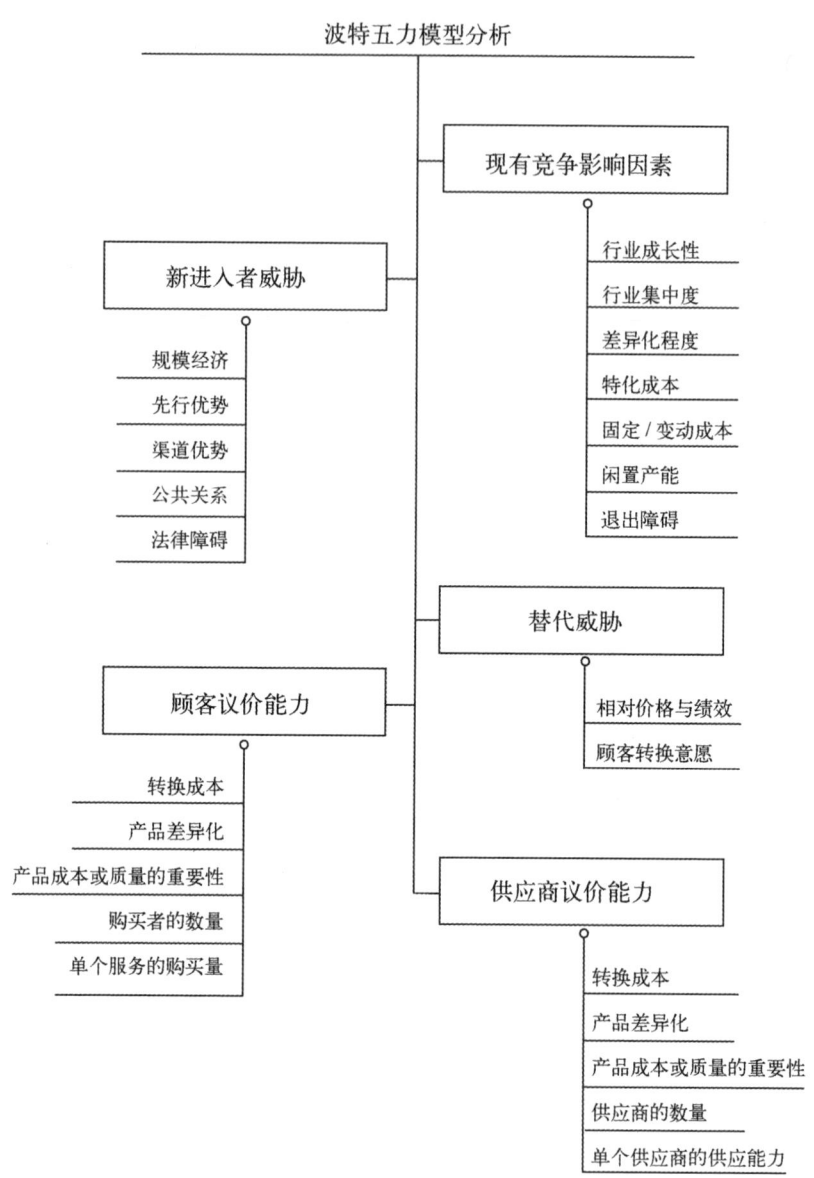

图1-6 波特五力模型分析

一般而言，公司的产品在成本、技术、质量方面具有相对优势，更有可能获取高于行业平均盈利水平的超额利润；产品市场占有率越高，公司的实力越强，其盈利水平也越稳定。拥有品牌优势的公司产品往往能获取相应的品牌溢价，盈利能力也高于那些品牌优势不突出的产品。分析预测公司主要产品的市场前景和盈利水平趋势，也能够帮助投资者更好地预测公司未来的成长性和盈利能力。

（4）公司经营战略与管理层分析。公司的经营战略是对公司经营范围、成长方向、速度以及竞争对策等的长期规划，直接关系着公司未来的发展和成长。管理层的素质与能力对于公司的发展也起着关键性作用，卓越的管理者能够带领公司不断进取与快速发展。

优秀的上市公司，应当拥有长期可持续的竞争优势和良好的发展前景，具备强劲的持续盈利能力，能较好地抵御周期波动，同时具备以持续、稳定的现金分红方式回馈投资者的公司治理机制。重视现金分红，一方面可以合理配置上市公司资金，抑制投资的盲目扩张；另一方面，有助于吸引长期资金入市，稳定公司股价，充分保障投资者回报的稳定性。

2. 公司财务分析

一家上市公司的财务报表是其一段时间内生产经营活动的一个缩影，也是投资者了解公司经营状况和对未来发展趋势进行预测的重要依据。上市公司公布的财务报表主要包括资产负债表、利润表和现金流量表。资产负债表反映的是公司在某一特定时点（通常为季末或年末）的财务状况，反映了该时间点公司资产、负债和股东权益三者之间的情况；利润表反映的是公司在一定时期的生产经营成果，反映了公司利润的各个组成部分；现金流量表则反映公司一定时期内现金的流入流出情况，表明公司获取现金和现金等价物的能力。我们通常采用财务比率分析，例如资产负债率、净资产收益率等，用公司财务报表列示的项目之间的关系揭示公司目前的经营状况。

通过财务分析，不仅可以帮助投资者更好地了解上市公司的经营状况，还有助于发现上市公司经营中存在的问题或者识别虚假会计信息。另外，现金分红政策也是衡量企业是否具有投资价值的重要标尺之一：可以采用股利支付率、股息率等指标，衡量上市公司投资者的回报水平。股利支付率是指现金分红与净利润的比例；股息率是指股息与股票价格之间的比率。如果一家上市公司高比例、持续稳定地进行现金分红，且连续多年的年度现金股息率超过1年期银行存款利率，则这只股票基本可以视为收益型股票，具有长期投资价值。但是，如果有盈利的公司却长期不分红，投资者就应该小心了。少数上市公司可能会通过夸大或虚构营业收入和净利润来欺骗投资者，但发放给投资者的现金股利却没有办法造假。"银广夏"（现在是西部创业）和"北生药业"（现在是ST慧球）等舞弊案例，都是通过经营业绩和现金分红上的巨大反差发现的。因此，关注上市公司现金分红政策，同样有助于投资者判断公司经营状况的真实性。

3. 公司估值方法

进行公司估值的逻辑在于"价值决定价格"。上市公司估值方法通常分为两类：一类是相对估值法；另一类是绝对估值法。

相对估值法简单易懂，也是投资者广泛使用的估值方法。在相对估值法中，常用的指标有市盈率（PE）、市净率（PB）、EV/EBITDA倍数等。运用相对估值法所得出的倍数，用于比较不同行业之间、行业内部公司之间的相对估值水平，因为差异可能会很大，不同行业公司的指标值并不能作直接比较。相对估值法反映的是，公司股票目前的价格是处于相对较高还是相对较低的水平。通过行业内不同公司的比较，可以找出在市场上相对低估的公司。但这也并不绝对，如市场赋予公司较高的市盈率说明市场对公司的增长前景较为看好，愿意给予行业内的优势公司一定的溢价。因此采用相对估值指标对公司价值进行分析时，需要结合宏观经济、行业发展与公司基本面的情况，具体公司要具体分析。与绝对估值法相比，相对估值法的优点是比较简单，易于被普通投资者掌握，同时也揭示了市场对于公司价值的评价。但是，在市场出现较大波动时，市盈率、市净率的变动幅度也比较大，有可能对公司的价值评估产生误导。

绝对估值法，常用的股利折现模型和自由现金流折现模型，采用了收入的资本化定价方法，通过预测公司未来的股利或者未来的自由现金流，然后将其折现得到公司股票的内在价值。与相对估值法相比，绝对估值法的优点在于能够较为精确地揭示公司股票的内在价值，但如何正确地选择参数则比较困难。未来股利、现金流的预测偏差，贴现率的选择偏差，都有可能影响到估值的精确性。

二、技术面分析

技术分析法是以传统证券学理论为基础，以股票价格作为主要研究对象，以预测股价波动趋势为主要目的；从股价变化的历史图表入手，对股票市场波动规律进行分析方法的总和。由于技术分析与基本面分析相比，技术分析进行交易时见效快，获得利益的周期短，所以目前在股市中应用的人数最多。研究股市的技术可谓是五花八门，但大体可以分为：技术指标法、切线法、形态法、K线分析法四类。

(一) 技术指标法

每一个技术指标都是从一个特定的方面对股价进行观察，通过它们能对股价进行定量分析，反映市场某一方面的深层次内涵，而这些内涵仅仅通过原始数据是很难得出来的。

目前，股票市场中的技术指标共有1000多种。从它们的功能角度而言，技术指标总体可以分为以下三大类。

1. 摆动类指标

摆动类指标是指根据股票的成交量、价格、时间和空间4个要素，通过一定的计算公式得出一个数值，该数值围绕一定的空间波动，通过其波动的规律，对实际操作进行指导。常用的技术指标KDJ、RSI、WR就属于摆动类指标。

2. 趋势类指标

趋势类指标是指以趋势分析理论为指导思想，结合均线的特征，根据股价与指标之间的关系，来分析股价趋势强弱的指标。趋势类指标在整个技术指标体系中显得非常重要，因为它在一定程度上弥补了技术指标不能预测每波行情大小的缺点。常用的MACD、MA、EXPMA指标都属于趋势类指标。

3. 能量类指标

能量类指标是指主要从成交量的角度去考察股价变动,通过量价配合指导实际操作的一类指标。例如 OBV、VOL、VR 都属于能量类指标。

对于技术指标的使用方法并非固定不变,对同一个指标,每个投资者可以有自己的一套研判方法,比如修改指标的参数和周期等,但是万变不离其宗,技术指标的核心使用原则,笔者总结如下:

(1)指标的高低。

通过指标数值的高低来判断股票强弱,从而提示股票的买卖时机。对于摆动类指标来说,它们波动范围一般在 0~100 之间,在这个范围之中,有 3 个值用得最多,分别是 20、50 和 80。

① 20 以下是市场的超卖区域,当指标从高位下降到 20 以下,表示市场进入超卖区域。超卖就是指对某只股票的过度卖出,卖出股票的人数远超正常比例,股价随时可能反弹或回升,这时候应该反向买进股票,以做多为主。

② 50 正好是波动范围的半分位,是市场强弱的分界线,指标在 50~80 之间代表市场属于强势区域。指标在 20~50 之间,市场处于属于弱势区域。在强势区域一般以做多操作为主,在弱势区域以做空操作为主。

③ 80 以上是市场的超买区域,当指标从低位上升到 80 以上,表示市场进入超买区域。超买就是指对某种股票的过度买进,买进股票的人数远超正常比例,股价随时可能下跌或回落,这时应该反向卖出股票,以做空为主。但是,在市场强势或弱势特征明显的时候,会出现指标钝化的现象。

指标钝化分为两种:高位钝化和低位钝化。高位钝化是指随着股价的上升,指标也会随之上升,但指标上升的速度会越来越慢,会形成上升抛物线的形态一直在超买区域(80 以上)中运行;低位钝化则正好相反。此时,常规做多或做空的操作原则就不适用了,解决的方法可以通过使用趋势类型的指标,以趋势的转折点为操作的依据。

(2)指标的交叉。

① 指标的交叉是指通过技术指标图形中两根指标曲线发生交叉的现象,

来判断多空双方力量的对比,从而提示股票的买卖时机。指标的交叉分为黄金交叉、死亡交叉和0轴交叉三种类型。

② 黄金交叉简称为"金叉",是指上升中的短期指标曲线由下向上穿越上升的长期指标曲线。出现金叉表示多头力量较空头力量要强,股价将继续上涨,行情看好,是买入股票的时机。死亡交叉简称为"死叉",是指下降中的短期指标曲线由上向下穿越下降的长期指标曲线。出现死叉表示空头力量比多头力量要强,股价将继续下跌,行情看坏,是卖出股票的时机。

③ 0轴在指标中一般代表多空力量的分水岭,0轴之上表示多头市场,0轴以下表示空头市场。0轴交叉又分为两种情况:一种是指标曲线由下向上穿越0轴,表示股价由弱势转为强势,行情看多,是买入的信号;另一种是指标曲线由上向下穿越0轴,表示股价由强势转为弱势,行情看空,是卖出的信号。需要注意的是,仅仅根据黄金交叉和死亡交叉来买进或卖出股票有一定的局限性,还需要结合其他的技术指标或分析工具一起判断。

(3)指标的背离。

指标的背离现象在使用技术指标时应引起投资者的高度关注,它指的是技术指标曲线波动的趋势与股票价格曲线运行趋势没有形成一致。当背离的走势一旦出现,表示价格的变动没有得到指标的支持。背离的最大作用在于:虽然价格目前来讲还没有出现上涨或下跌,但是指标可以提前预测出股价的顶部或底部区域。背离可分为顶背离和底背离。

① 顶背离是指在股价经过了前期较大幅度的上升,股价的高点一次比一次高,而指标曲线的高点却一次比一次低的情况。顶背离表示股价的上涨仅是一种表面现象,暗示股价很快就会反转下跌,是比较强烈的卖出信号。

② 底背离是指在股价经过了前期较大幅度的下跌后,股价出现的低点一次比一次低,而指标曲线的低点却一次比一次高的走势。底背离表示该股价的下跌已基本见底,说明股价很快就会反转向上,是比较强烈的买入信号。

(4)指标的转折。

技术指标的转折是指技术指标曲线在高位或低位掉头,也就是从超买超卖的状态回归到正常的范围。这种掉头表示前面极端的行动已经走到了尽头，或者超买超卖的状态将要发生转变。有时也表示一个趋势即将结束，而另一个趋势将要开始。指标的转折可作为股价趋势转变的预警信号，但必须依靠成交量的配合才能确认。

(二) 切线法

切线理论认为股票价格的变动一般都有一定的趋势，但在长期的下跌或上涨趋势中，股票市场会有短暂的调整或盘旋。因此，投资者在进行投资操作中应把握长期趋势，同时不应被短暂的回调或反弹所迷惑，并且也应该准确地把握大势的反转。切线理论就是帮助投资者识别股票市场大势变动方向的理论方法，主要包括趋势分析、支撑线和压力线、趋势线和轨道线、黄金分割线和百分比线等内容。

(1) 趋势分析就是指股票市场的波动方向，或者说是股票市场运动的方向。若确定了一段上升或下降的趋势，则股票价格必然朝着这个方向运动下去。在上升或下降的行情中，虽然中间会出现短暂的下降或上升，但不影响大方向。趋势的方向主要有三种：①上升方向。在股价的波动图中，如果每个后面的峰和谷都高于前面的峰和谷，则该趋势就是上升趋势。②下降方向。在股价的波动图中，如果每个后面的峰和谷都低于前面的峰和谷，则该趋势就是下降趋势。③水平方向。在股价的波动图中，如果后面的峰和谷与前面的峰和谷相比，没有明显的高低之分，几乎呈水平状态，则该趋势就是水平趋势。

同时，在趋势分析中，按照道氏理论的观点，主要分为三种趋势类型：①主要趋势，该趋势是股价波动的主要方向，一般的持续时间比较长，是投资者极力要弄清楚的；②次要趋势，该趋势是在主要趋势的过程中进行调整的趋势，主要趋势不是直来直往的，在运行中难免会有调整和回撤，这都是次要趋势的使命；③短暂趋势，该趋势是对次要趋势的调整，短暂趋势和次要趋势的关系就相当于次要趋势和主要趋势的关系。

(2) 支撑线又称抵抗线，是指当股票价格下跌到某个价位时，会出现买方增加、卖方减少的状况，从而使股票的价格停止下跌，甚至有可能回升。支撑线的作用就是阻止股票价格的进一步下跌，阻止股票价格下跌的价格位就是支撑线所在的位置。

（3）趋势线和轨道线。由于证券价格的变化是有一定的趋势的，也就是说是有方向的，并且这种趋势或方向可以用直线表示出来，这样的直线就是趋势线。反映股票价格向上波动发展的直线就是上升趋势线；反映股票价格向下波动发展的直线就是下降趋势线。由于股票价格的波动可以分为长期趋势、中期趋势和短期趋势三种，因此表示价格的趋势线也就有长期趋势线、中期趋势线和短期趋势线三种。一般来说，趋势线有以下两种作用：①趋势线可以对今后价格的变化起约束作用，使价格的变化总保持在这条趋势线上；②如果在股票价格的运行中，趋势线被突破，就说明股票价格有强烈的反转信号。越重要的趋势线被突破，股票价格被反转的信号也就越强烈，趋势线在被突破后将起相反的作用。

轨道线又称通道线或者管道线，该线是基于趋势线的一种方法。在已经得到了基本的趋势线以后，可以通过第一个峰和谷作出一条平行于趋势线的直线，这条平行线就是轨道线。轨道线和趋势线是相互合作的一对直线，很显然，轨道线是在趋势线的基础上画出的，有了趋势线，才有轨道线。趋势线的重要性要大于轨道线，同时轨道线是不能脱离趋势线而单独存在的。

（4）黄金分割线和百分比线。黄金分割线和百分比线是两类非常重要的切线，并在实际操作中得到了广泛的应用。这两条直线的共同特点是：它们都是水平的直线，并且只注重于支撑线和压力线的价位，而对于什么时间达到什么样的价位并不关心。黄金分割线是依据 0.618 这一黄金分割率的原理计算出来的点位，这些点位在股价的上升和下跌的过程中表现出极强的支撑和压力效能，其计算方法是依据上升或下跌幅度的 0.618 及其黄金比率的倍率来确定压力和支撑的点位。而百分比线在考虑问题时，它的出发点是一些整数位的分界点和人们的心理因素。当股票价格持续上涨到一定的程度，肯定会受到压力，当遇到压力后，价格就会往下撤。因此在价格下撤的过程中，下撤的位置是很重要的。黄金分割线和百分比线为股票价格的下撤提供了多个价位。

(三) 形态法

股票形态分析是一种直接从历史价格图表上去分辨股价变动趋势的分析方法。股票形态分析是技术分析体系中的基础，在技术派的实盘交易中应用十分广泛。形态分析的分类方法五花八门，本篇就按照反转突破形态和持续整理形态进行分类叙述。

1. *反转突破形态*

反转突破形态是指价格改变原有的运行趋势所形成的运动轨迹。绝大多数情况下，当一个价格走势处于反转过程中，不论是由涨至跌还是由跌至涨，图表上都会呈现一个典型的"区域"或"形态"。将反转突破形态再进行细化可以分为：头肩形、双重顶与底形、三重顶与底形、V形四种，如图1-7(a)所示。

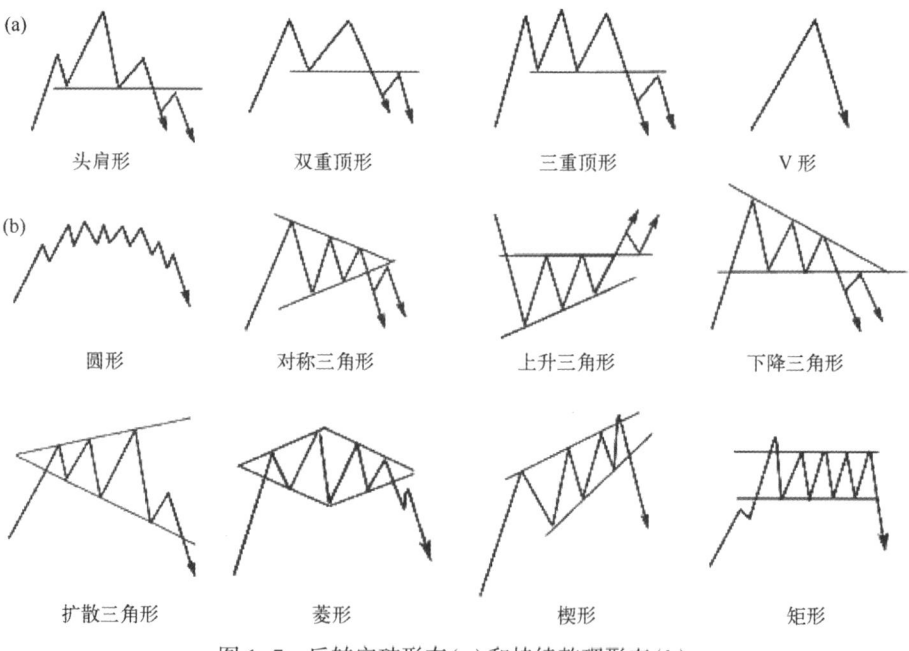

图1-7 反转突破形态(a)和持续整理形态(b)

在反转突破形态分析中，首先要有一个主要趋势的存在，趋势即将反转的第一个信号通常也表示重要趋势线的突破；而且图形愈大，价格移动愈大，顶部形态形成的时间较底部图形短，且震荡较大，底部形态的价格幅度较小，形成的时间则较长。

2. 持续整理形态

持续整理形态是指经过一段时间的快速变动之后，就不再前进，而在一定区域内上下窄幅变动，等时机成熟后再继续以往的走势。同反转突破形态相比，持续整理形态通常较为短暂，一般属于短暂形态或中等形态的类别。将持续整理形态细化主要可以分为以下几种类型：三角形、旗形、楔形和矩形，如图1-7(b)所示。持续整理形态产生的本质是：股价经过一段时间上涨，大多数投资人获利丰厚，产生强烈落袋为安的念头。他们开始逢高卖出，产生较强的抛压，股价回落。随着股价下跌，投资人的获利渐渐减少，因此卖出意愿有所减弱，股价逐步企稳。而高位卖出的投资人见股价回落已深，下跌趋于缓和，预计股价有可能再次上涨，开始回补。同时不肯追高买进的投资人屡次错过良机，见股价回落就急于买进。他们的介入变成实质购买力，再次推动股价上扬，当股价回升到前期高点附近或前期高点之前，低位买进的投资人就再次获利回吐。前期未及时卖出的投资人也担心再次错过卖出良机，加紧卖出股票，造成股价再次回落。

(四) K线分析法

K线图表起源于日本，被当时日本米市的商人用来记录米市的行情与价格波动，后因其细腻独到的标画方式而被引入股市及期货市场。在K线分析中，从形态上分可分为阳线、阴线和同价线3种类型，如图1-8所示。阳线有大阳线、中阳线和小阳线；阴线有大阴线、中阴线和小阴线；同价线是指收盘价等于开盘价，两者处于同一个价位的一种特殊形式的K线，如十字线、T字线等。

随着K线分析在我国股市的应用发展，逐渐形成了很多的K线组合，他

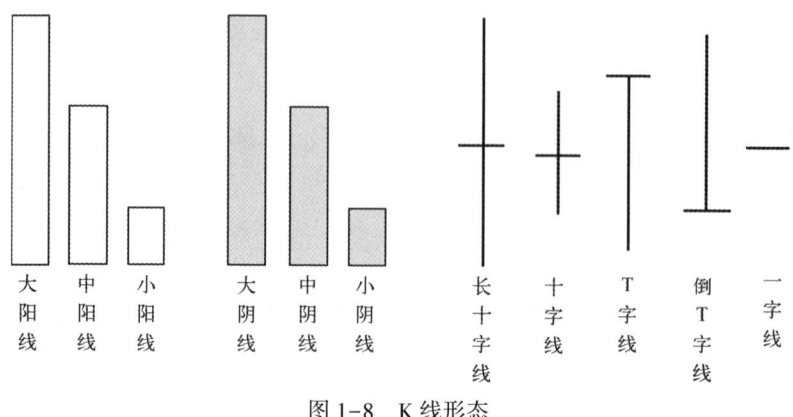

图 1-8 K 线形态

们名字各异颇具中国特色，如蜻蜓线、长上影线、长十字线、长下影线、大阳线、大阴线、倒 V 形反转、倒锤子、吊颈线、多方炮（图 1-9）、空方炮、断头铡刀、早晨之星（图 1-10）、黄昏十字星、吞没形态、红三兵（图 1-11）、三只乌鸦等，这些形象生动的名字给予 K 线生命力。在 K 线派分析中，认为阳线代表多方的力量，阴线代表空方的力量。当多方取胜时，股价就上涨；当空方占优势时，股价就下跌。在股价长期下跌后，当强大的多方力量进场时，就会形成底部；在股价长期上涨后，空方力量大肆出逃时，就形成头部。因此，股价的上涨和下跌、见顶和见底，并不是因为指标的好坏、消息的影响，甚至成交量的大小，而是取决于多空力量的对比状况。K 线正是体现多空力量，通过对 K 线的观察与分析，就能分析出

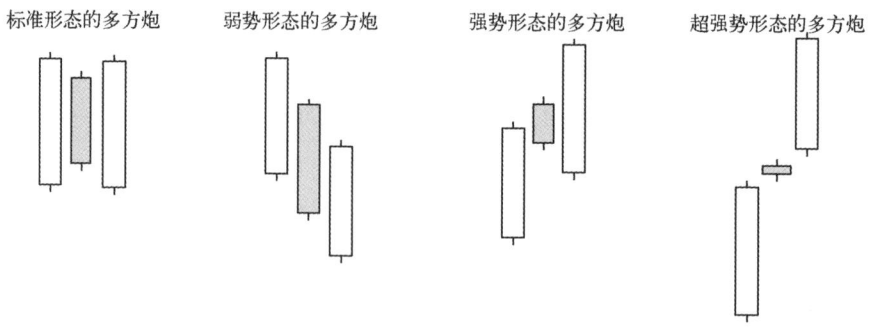

图 1-9 多方炮形态

多空力量的状况,从而研判股价的运行上涨或下跌,甚至是实现在操作中的抄底逃顶。

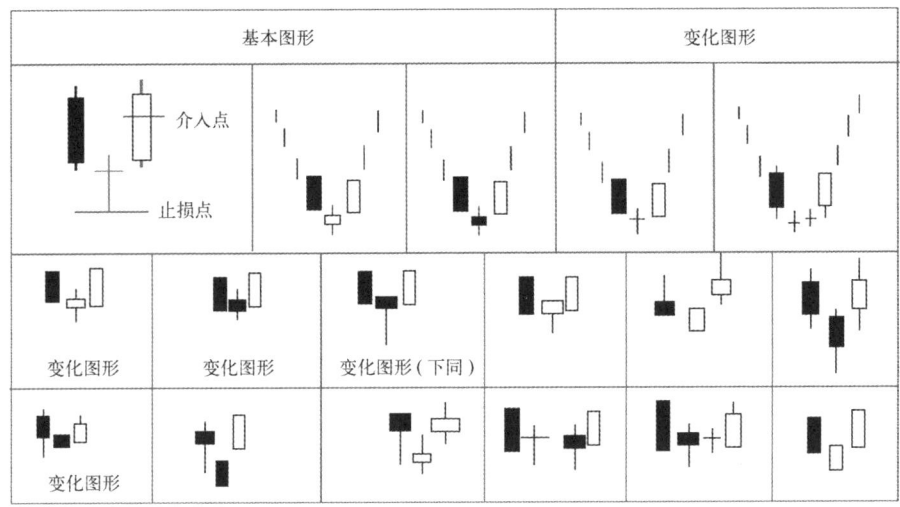

图 1-10 早晨之星形态

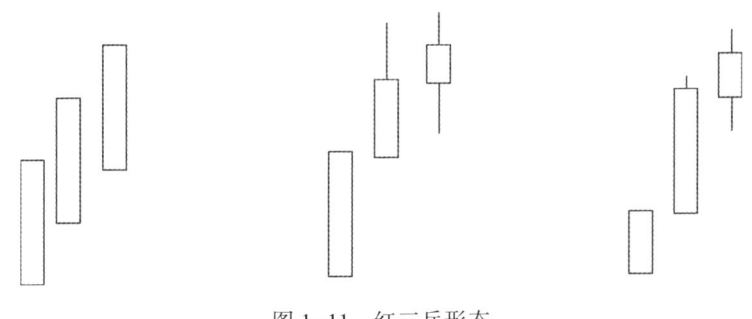

图 1-11 红三兵形态

三、理论分析

中国资本市场从西方成熟市场引进的各种理论数不胜数,其中波浪理论在中国股市理论分析中绝对有着举足轻重的地位,其影响十分深远。基本上股民都学习或者听说过这个理论,那么本篇就以最经典的波浪理论为例揭开理论分析的面纱。

波浪理论的全称是艾略特波浪理论，是以美国人 R. N. Elliott 的名字命名的一种技术分析理论。波浪理论把股价的上下变动和不同时期的持续上涨、下跌看成是波浪的上下起伏。波浪的起伏遵循自然界的规律，股票的价格运动也就遵循波浪起伏的规律。简单地说，上涨是5浪，下跌是3浪。由于市场情况经常变化不定，也会产生其他浪形，根据数浪来判断股市行情。总之，波浪理论可以用一句话来概括：即"八浪循环"，如图1-12所示。股票指数的上升和下跌将是交替进行的，推动浪和调整浪是价格波动的两种最基本的方式。推动浪由5个上升浪组成，即五浪上升模式。在市场中，价格以一种特定的五浪形态，其中1、3、5浪是上升浪，2浪和4浪则是对1、3浪的逆向调整。调整浪由A、B、C三浪组成，即三浪调整模式。五浪上升运行完毕后，将有A、B、C三浪对五浪上升进行调整，其中A浪和C浪是下跌浪，B浪是反弹浪。第一浪有两种表现形式，一种属于构筑底部，另一种则为上升形态；第二浪有时调整幅度较大；第三浪通常最具爆发力，是运行时间及幅度最长的一个浪；第四浪经常以较为复杂的形态出现，以三角形调整形态的情况居多，并且不低于第一浪的顶；第五浪是上升中的最后一浪，力度大小不一。A浪对五浪上升进行调整，下跌力度大小不一；

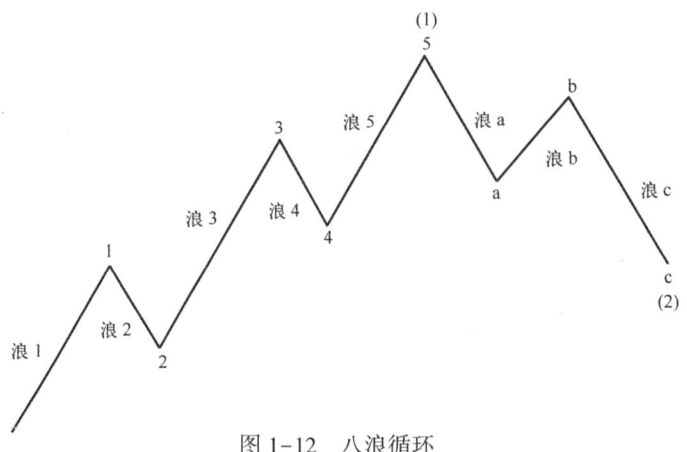

图1-12 八浪循环

B浪是修复A浪下跌的反弹浪,升势较不稳定;C浪下跌的时间长、幅度大,最具杀伤力。

后来艾略特又写了一本自然法则,这是对波浪理论的进一步发展,引入斐波纳奇神奇数字组合比率与度量浪与浪之间的比例关系的具体运用。波浪理论推测股市的升幅和跌幅采取黄金分割率和神奇数字去计算。一个上升浪可以是上一次高点的1.618倍,另一个高点又再乘以1.618,依此类推。另外,下跌浪也是这样,一般常见的回吐幅度比率有0.236、0.382、0.5、0.618等。所以,波浪理论与神奇数字有着亲密的关系。为使投资者能较好地运用神奇数字对波浪定量分析,下面列出神奇数字比率及由其派生出来的数字比率的特性:

(1)0.236,是由0.382与0.618两个神奇数字比率相乘派生出来的比率值,有时会作为第三浪至第四浪的调整比例。

(2)0.382,第四浪常见的回吐比率及部分第二浪的回吐百分比,包括B浪的回吐比率。

(3)0.618,大部分第二浪的调整深度。对于A、B、C浪以"之"字形出现时,B浪的调整比率、第五浪的预期目标也与0.618有关。

(4)0.5,是0.382与0.618之间的中间数,作为神奇数比率的补充。对于A、B、C"之"字形调整浪,B浪的幅度经常会由0.5所维系。

(5)1.236与1.382,对于A、B、C不规则的调整形态,我们可以利用B浪与A浪的关系,借助1.236与1.382两个神奇比例数字来预估B浪的可能目标位。

(6)1.618,由于第三浪在三个推动浪中多数为最长的一浪,以及大多数C浪极具破坏力,所以,我们可以利用1.618来推断第一浪与第三浪的比例关系,以及C浪与A浪的比例关系。

对于斐波纳奇神奇系列数字,在波浪理论中,尤其在对波浪理论的定量分析中,其起着极其重要的作用。其中0.382与0.618为常用的两个神奇数字比率,其使用频率较其他比率要高得多。在使用上述神奇数字比率时,投资者和分析者若与波浪形态配合，再加上其他指标的协助，就能较好地预估股价见顶见底的讯号。

四、内幕消息

A股市场中还有一类人就是靠内幕消息炒股票，他们渴望得到内幕消息，得到后感觉如获至宝。不但渴望得到，而且喜欢向别人提供。其中既有贪婪又有虚荣的成分。有时候看见那些很聪明的人四处打探这些内幕消息，真让人感慨。本篇给大家讲两个发生在A股内幕消息炒股的故事。

第一个故事发生在中牧股份（600195）上，广西××股份有限公司杨老板向上市公司出售股权获得回购资金。经××资本有限公司总经理徐××找到中牧股份相关人士，最终交易确定，2015年6月8日至6月16日，中牧股份、广西××、××资本三方通过邮件方式起草、修改拟定了保密协议。在保密协议签订期间，2015年6月11日，杨老板通过亲属给徐××转账1000万元，作为委托徐××办理回购广西××股权的部分诚意金，按照计划到2015年9月29日时这笔资金将由徐××转给交易对方。然而，1000万元资金到账不到1小时，徐××便将其中的999万元转入自己的证券账户，并立即花346.63万元买入9.37万股中牧股份。根据常理，一旦并购的消息放出，中牧股份的股价必将迅速拉升，如此一来，徐××便可以利用暂存在他那里的钱狠赚一笔。在这样的预期下，徐××在2015年6月15日又花45.85万元，买入1.2万股。不料却赶上2015年的"股灾"，股市一泻千里。还没等到并购消息放出，中牧股份的股价已经跟着大盘应声下跌，徐××的如意算盘就此落空。为了及时止损，徐××不得不忍痛割肉，将此前购买的10.57万股悉数卖出，却只得到215.57万元，一进一出就亏了176.92万元，如图1-13所示。最可悲的是，不仅亏钱还遭受处罚，2018年1月，徐××因为上述内幕交易行为被证监会处罚60万元。

第二个故事发生在国发股份（600538）上，陈××在为国发股份并购重组的项目做中介，当天项目取得重大进展，生意接近成功。陈××以内幕消息

图 1-13　2015 年的中牧股份

回报恩师宋×，得到消息后，宋×在 2015 年 1 月 22 日、23 日，分别利用实控账户"邢某""张某瑶"，累计买入 59.92 万股、24.4 万股国发股份，总共投入 648.58 万元。在事情确定的最后关口，2015 年 1 月 23 日收盘前几分钟，似乎害怕错过上车机会，宋×紧急用自己的账户，又追加 67.79 万元，买入 8.81 万股国发股份。人算不如天算，国发股份与海格通信后来的谈判并没有谈拢，并购的事情不了了之。2015 年 3 月 9 日，国发开盘后股价重挫，当天一度跌幅超过 6%，宋×也恰是在这一天全部清仓了此前买入的国发股份股票，3 个账户总计亏损 41.26 万元，如图 1-14 所示。令人哭笑不得的是，国发股份的股价在宋×清仓后第二天涨停，并超过了停牌前价格，此后一路上扬，股价再也没有低过停牌前的价格，并最终上涨到 19.58 元/股，比宋×买入时的价格翻了一倍。虽然手握内幕消息，宋×却完美地避开了牛市阶段，最后还被罚了 60 万元。

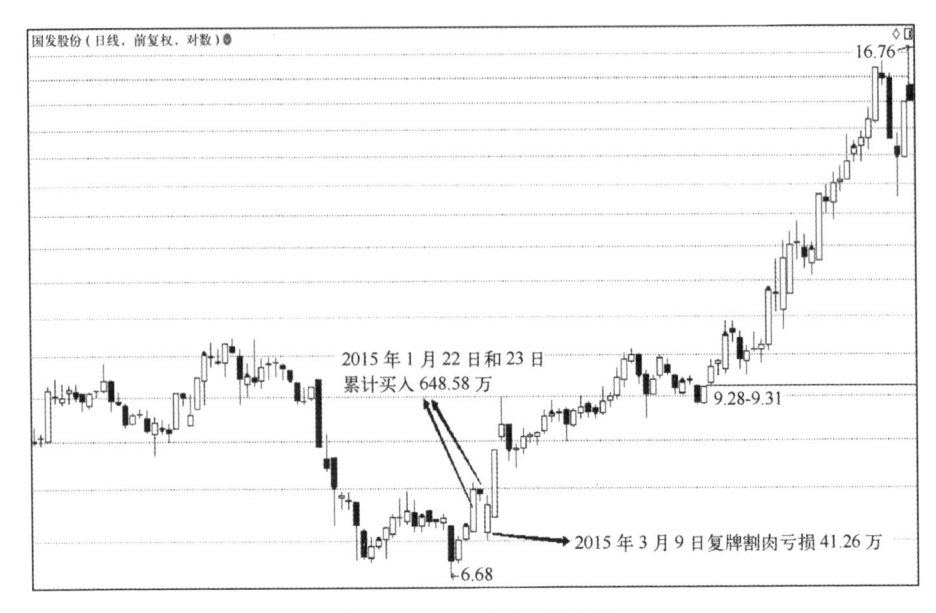

图 1-14　2015 年的国发股份

第三节 为什么掌握了这些以为可靠的"术"还是亏损

读到这里想必你一定找到了属于自己的类别,无论是哪种理论都无关紧要,因为在股市中衡量成败的只有盈钱还是亏钱,打开账户成败一目了然。如果你的账户处于亏损状态,任何的解释或者借口都是苍白无力的。本篇就把这些被投资者奉为神灵的理念拉下神坛,把这些"术"的命门一一点破。

一、为何学会了基本面分析依然在市场中赔钱

投资者每天都在接触基本面方面的信息和各种研究报告,每天也有不少专家给你分析市场的整体运行情况以及宏观经济环境,但投资者的交易结果并没有因此而有大的改观,还是亏损累累,为什么呢?

(一)股价涨跌并不一定取决于基本面

我们一直想要去推崇巴菲特的价值投资,但一个十分残酷的现实是我们A股股价涨跌根本不取决于基本面。我们看到的是市场情绪起来,垃圾股飞上天,而那些绩优股却长期趴在原地,这种例子简直不胜枚举。2015年6月15日大盘结束了杠杆牛市,市场出现连续大幅度的杀跌,但有一只股票却成为当时的明星,那就是特力A(000025),如图1-15所示。这只股票基本面不多说,大家自己看财务报表绝对不属于什么业绩优良的白马,但在市场极度恐慌的时候涨有高达10倍的涨幅,同期的上证50(白马聚集地)早已被腰斩,如图1-16所示。

最近的明星股恒立实业(000622)在短短一个月时间里涨幅5倍有余,其市盈率高达2037倍,如图1-17所示。相反市盈率只有2.5倍的兰州民百(600738)还在不断创新低的过程中,如图1-18所示。这种鲜明的对比,还要多说什么呢?

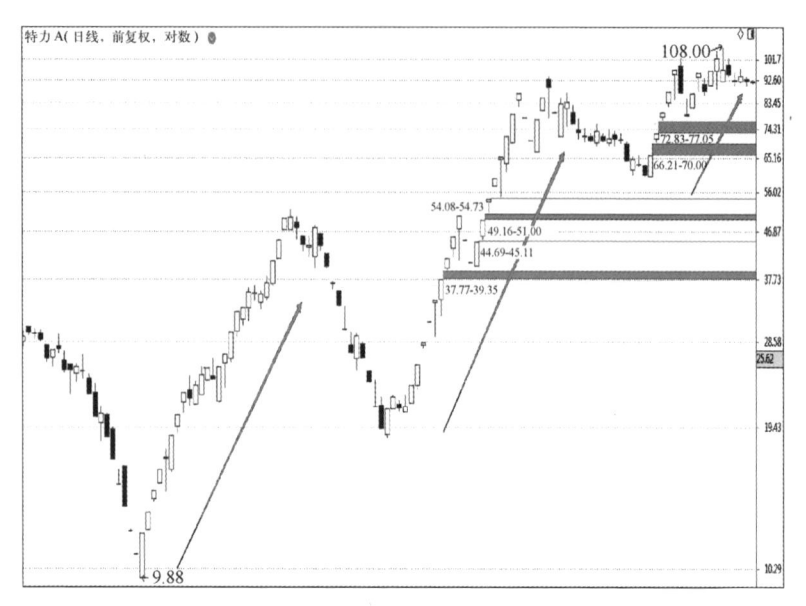

图 1-15　2015 年的特力 A

图 1-16　2015 年的上证 50 指数

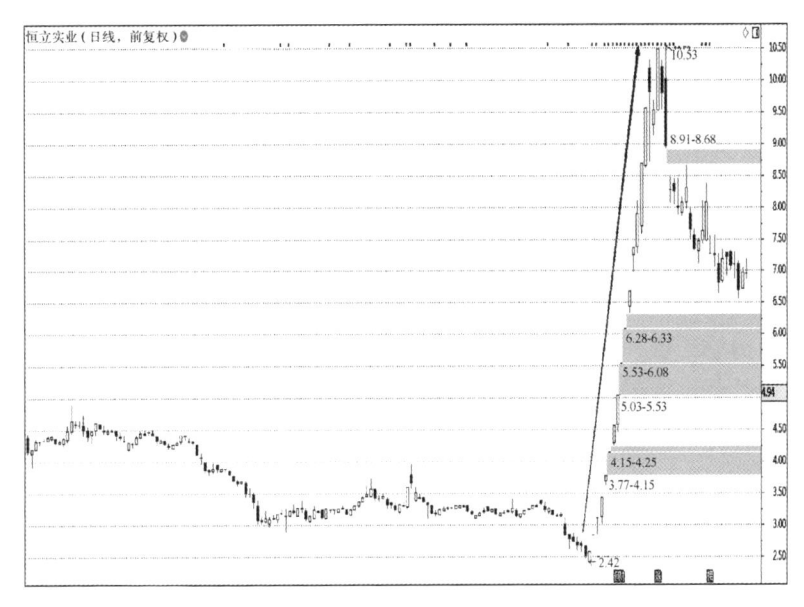

第一章 "术"层面的理论和技术是亏损的根源

图 1-17 2018年的恒立实业

图 1-18 2018年的兰州民百

(二)基本面分析无法预测未来

很多投资人都是通过基本面的分析来预测市场的未来，他们总认为通过研究基本面的情况可以得出市场未来的方向。他们误以为基本面分析的作用就是预测市场的未来，他们误以为掌握了大量的基本面资料就可以掌握未来，在笔者看来，这是一个根本性的错误。这样研究的投资人一生都将生活在痛苦之中，因为他们在做永远也不可能实现的事——预测未来。也许在某次行情中他们做得很出色，这样的例子也很多，但永远不会有人或机构可以稳定连续地通过基本面的分析一直对市场做出正确的判断。否则，国际市场上那些大型的投资基金就不会做双向交易。基本面分析不具有预测市场未来方向的功能，它的这个功能是投资者获利的欲望强加给它的。不要以为只有散户会这样想，笔者见过太多的机构买入一只股票后就开始通过各种财务数据给自己催眠，到头来被套得一塌糊涂。基本面分析只是客观地告诉你市场上发生了什么以及市场价格是如何反应的，在某些情况下，我们甚至根本无法从基本面上找到价格涨跌的原因。比如贵州茅台（600519），从 2018 年 6 月 13 日的 792 元最低跌到 509 元，最大跌幅达 35.7%，如图 1-19 所示。如果你看它的基本面，这半年来并未发生什么改变，甚至业绩仍然在增长，可是股价却实实在在地跌了。

(三)基本面分析存在模糊性

很多人用基本面分析去判定一只股票值不值得买入或者是不是被低估了，这个评估本就没有一个唯一标准，是跟美国市场对标还是跟同行业对标呢？那么问题就来了：同行业如何比呢？是低于行业平均水平就算低估吗？那么行业龙头是否应该有更高的估值定位呢？而且，不同投资者由于他所对标的标的不同，最终的结果将截然相反。在 2016 年到 2017 年，圈子里一直在争论一只股票的价值，那就是贵州茅台（600519），对于这只股票的争议在这两年达到了巅峰。笔者身边的朋友各执一词，多方也是 位有名的价值投资公募基金经理，他认为贵州茅台会一直持续地上涨，为什

第一章 "术"层面的理论和技术是亏损的根源

图1-19 2018年的贵州茅台

么呢？他说："现在全球的资金都在寻找最有价值的投资标的，比如美国一直上涨的股票就是科技股，因为美股中的某些科技公司是世界上顶级的。那么我们中国顶级的一定是消费类，因为我们国家人口是世界之最，所以从最优资产来看，无疑是消费类的公司。而白酒深受国人喜欢，所以从最优资产配置角度给白酒龙头贵州茅台更高的估值也是合理的。"一听没问题啊，这个分析很有道理啊，但是你听听空方的讲解，你一定也觉得很在理。空方是一位业内知名的私募基金经理，他说："贵州茅台涨得太高了，根本不值这个价，一个卖白酒的企业市值上万亿，这不是一个笑话吗？一个国家的发展要依靠技术的进步、科技的发展，难不成要靠卖酒发展吗？清朝时，我们的丝绸、陶瓷也深受世界喜爱，但国家破败不堪。我们投资是投资未来，我们应该将资金投入到最有发展的企业上。"现在经市场验证，贵州茅台并没有在私募经理说完停下脚步，反而上涨了两年，也没像公募经理说的那样将持续地上涨，在2018年出现了大幅的回调。所以，基本面分析的模糊性决定了你无法得到一个完全正确的做多还是做空答案，只是你分析市场的一个工具。

（四）基本面分析存在滞后性

就算我们肯定基本面决定股票价格，那至少也是未来的基本面决定未来的股价走势。但对于绝大多数人来说，研究基本面的数据都来自季报和年报。要知道，这样的数据一年才有四次，而且它们并不一定是呈现正相关的。比如，一季度报是盈利的，半年报可能是亏损的，而三季度报又是亏损的，最后年报是盈利的。这种看似笔者在这开玩笑，其实我国股市的财务报表要比我举的例子更具戏剧性。在这种情况下，应该如何通过基本面去做交易决策呢？如果业绩盈利进亏损出，那么结局可想而知。这就解释了很多投资的疑惑：基本面非常利多，为什么价格却下跌？价格已经跌破成本价了怎么还在跌？基本面一片利好可价格为什么不涨？这就是犯了用静态的基本面来对应动态的市场价格的毛病，他总认为基本面如何，则价格就应该如何，认为基本面和价格之间必然存在这个因果关系。即使有必然的联系，也无法用目前所掌握的静态的基本面情况来分析预测未来动态变化的市场。还有很多的基本面改变一旦公布于众，股价已经飞起来了，当大家能买进去的时候，调整就开始了。比如三六零（601360）借壳江南嘉捷（601313）的例子，从2017年6月9日开始停牌，当2017年11月7日宣布重组后，开始每天一字板的上涨，根本无法介入。等开板能介入的时候已经是高位了，后期股价连续腰斩，如图1-20所示。这种基本面分析三六零的介入确实给公司基本面带来了巨大的改观，但是二级市场根本没有给机会，一口气透支了所有上涨空间。如果你这个时候介入，等来的估计是怀疑人生的套牢。

综合来看，基本面分析更多的是使我们更清楚地认识和了解市场，不至于因为对基本面情况的一无所知而对市场价格的涨跌感到迷茫和恐惧。基本面分析只是使投资者更清楚地认识和了解市场目前的状况，仅此而已。

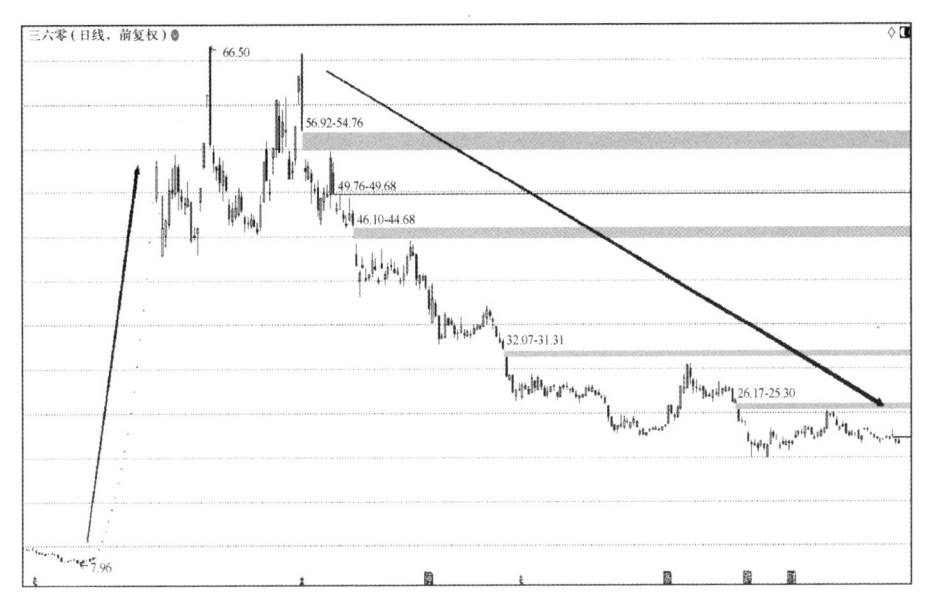

图 1-20　2017 年的三六零走势

二、为何学会了技术面分析依然在市场中赔钱

众所周知，中国股市是一个以散户居多的市场，我们平时都会在网络、电视、广播看到或者听到各路大神、大仙高谈阔论什么指标要金叉、什么指标要死叉、什么指标又背离了，等等，感觉每一位都说得非常有道理，对股市分析得清澈透底，赚钱好似探囊取物。赚钱真的如此简单吗？如果按照这些大师的神论来决定你的买卖，相信你可能赚过钱。但是算一下总账，你会发现一定还是亏损的！损失金钱的同时还带来了无限的烦恼。为什么上次用某个指标金叉赚钱了，这次用就亏损了呢？最后可能会变成十万个为什么？不停地修正自我，换来的却是不断扩大的亏损。

为什么呢？因为你并没有真正掌握指标的核心。你可知道，我们现在的常用指标来源于哪里？由何得来？最早发明这些指标的人是何意图？发明技术指标的人在使用的时候是亏还是赚？还有一点更需要注意的是：我们在使用这些指标的时候，我们的对手(庄家)也在使用这些指标，我们是否更需要谨慎地去使用这些指标呢？

随着科技的发展，各类软件不断增多，更出现了自制指标，粗略统计也有成千上万种之多。在散户中，有些指标被奉若神灵，甚至被当作通向成功之门的魔法钥匙。精通这么多指标和使用方法，必定不是一件容易的事情。但是仔细分析所有技术指标，基本也就分为三类：趋势类、摆动类、能量类。其余多数雷同，计算公式基本一致，所展现的功能也基本相同。我们所使用的技术指标多数来自几十年前的美国金融市场，而且主要来自期货市场。人们设计这些指标的目的，只是想用一些客观的计算来帮助自己了解市场所处的状态。由于设计指标时各人的目标不同，所处的市场环境不同，所以任何指标都不可避免地带有片面性，它只能反映市场某一方面的单一情况。

(一) 技术指标

在以上认识的基础上，我们再详细看看技术指标的三种分类。所有指标都是由基本的市场数据经过筛选和计算得来的，这些数据无非就是价格和成交量(有些指标还包含成交背景，比如说成交时间、是否主动性买进、是大笔还是小笔成交，等等)，根据设计者最初的基本意图，技术指标分为以下三大类：

第一类是趋势类指标。

用来对价格走势做滤波处理，以便直观地反映趋势的方向，比如：移动平均线(MA)、抛物转向(SAR)、宝塔线(TWRF)、布林通道(BOLL)、指数平滑异同平均线(MACD)，等等。趋势类指标一般用于比较长期的市场走势中。

第二类摆动类指标。

用来反映市场在某种状态下的程度，以便在市场进入极端情况时作出反映，比如：随机指标(KDJ)、相对强弱指标(RSI)、趋势指标(DMI)、乖离率(BIAS)、威廉指标(W&R)、心理线(PSY)，等等。摆动类指标一般用于比较短期的市场走势中。

第三类是能量类指标。

主要用来反映成交量的发展和积累情况,比如:能量潮(OBV)、能量指标(CR)、容量比率(VR),等等。

上述这些指标都是很常见的,大家在各类分析软件或股票书中都能找到它们的定义,在此我们不想重复。我们要强调的是,千万不要仅仅是看过这些指标的用法简介之后就试图去运用它们。我们的建议是,起码你要搞懂它的计算方法和理解它的设计本意,然后再谈运用。比如说,最简单的KD指标,几乎每个炒股票的人都能叫出它的名字,可是你去问一问,有几个人能说出它的算法?它的类型?它的用途?

1. KD指标

KD指标的计算:

(1)对每一交易日求RSV(未成熟随机值),

RSV=(收盘价-最近N日最低价)/(最近N日最高价-最近N日最低价)×100

(2)K线:RSV的M1日移动平均;

(3)D线:K值的M2日移动平均;

(4)参数:N、M1、M2,天数,一般取9、3、3。

从上述计算方法中我们可以看出,RSV反映的就是现在的价格在过去N天以来的最高价和最低价之间的相对位置,而K线和D线只不过是对RSV做一点平滑处理后的结果(让它波动得比较平稳些)。

这时候我们自然明白了,在一个不断上涨的强势市场中,KD线肯定会越走越高,如果连续3天这样收盘,K线就会到100。我们之所以说KD到了80以上就卖,就要小心回调,那完全都是基于经验。因为大家都认为连涨这么多天了,也该回调了吧!

你看,当你对KD指标的计算方法了解之后,如果你在强劲的牛市主升浪中看到KD在90以上,你一定不会像那些对技术指标一知半解的人们一样大呼"指标严重超买"了。相反,在一个震荡调整的市道里,你一定会重视KD超买或超卖信号,因为震荡的意义就是在两个极端之间来回荡。

与 KD 一样,其他所有技术指标,如果你想真正用好的话,都必须要先彻底搞清楚它的含义,建议你在上述三大类指标中每样重点搞懂一两个,其他的就不用去管它了。

在传统的指标之外,我还想介绍几个新的有特色的指标。最近 10 年来,随着使用者自己编写指标的分析软件的出现,大家开始研究适合中国股市的特色指标,其中有些值得参考。这几天我花了些时间对搜集来的几百个自编指标进行了分析,虽然这些指标中的绝大部分看来只是重复前人的思路,但还是有少数指标比较有创意,值得大家参看。现在介绍两个给大家:

2. 成本移动平均线(CBMA)

以前的均线,只反映价格的趋势,没有成交量的因素,于是我们设想如下的计算方法:

成本移动平均线＝N 日内成交金额/N 日内成交股数之和

显然,这反映的是过去 N 日以来市场的真正平均成本,比移动平均线更真实、更可靠。如果是无量上涨,CBMA 上升得会很慢,如果高位有成交量配合,它会上升得比较快。

3. 相对强弱指标(RSI)

个股的涨跌并不完全跟随大盘,如何反映个股走势的强弱?于是我们设计了这个相对强弱指标:

相对强度＝N 日内股价的涨幅－N 日内大盘指数的涨幅

有了这个指标,个股的强弱一目了然,而且,从某只股票相对强度指标的历史走势中,我们很容易看出它的股性和主力实力的强弱。上面两个指标看起来很简单,但是很有用。对趋势发展有一定的参考价值。

综合分析,既然技术指标反映的是市场上已经发生的事情,那么它就一定是滞后于市场的。我们平时所说的用技术指标预测未来走势,那其实只是对该指标过去表现的经验总结。但是市场表现是既有重复又有变化的。即使相同的指标在相同的走势情况下，也可能有很多种变化前景；所以，我们一定不能把技术指标看成预测走势的灵丹妙药。总的来讲，技术指标的作用在于可以帮助我们更容易、更客观地看清市场所处的状态。如果我们想从指标中寻找到长期制胜法宝，那不但会徒劳无功，而且还会被所谓的"高科技信息噪音"所包围，让你无所适从，让你迷失方向、迷失自我。

(二) 切线、形态和 K 线

切线、形态和 K 线这三类技术分析我们放在一起说，它们同样是对过去表现的经验总结。参与市场就如同深入战场，瞬息万变，纸上谈兵的书呆子绝对不可能在这里存活下去的。下边给大家分别列举三例来佐证我们的观点。

1. 切线分析法

我给大家随机找一只股票，如图 1-21 所示浦东金桥（600639）。如果时光倒回到 2018 年 10 月 31 日这天，也就是图中最后一根 K 线的位置，你会选择买入还是卖出呢？图中我们可以清晰地看出这是一个明显的下降通道线，每次碰到下降通道线的上轨都会受到空头的阻击，半年以来从未例外。那么在这个位置无论是出于这个股票的股性还是技术分析，肯定是选择高抛的，可是后面的行情又如何呢？

我们看图 1-22 所示，结果大大出乎意料，这个股开始快速地拉升，如果你卖掉了一定痛彻心扉。很多人一定会说这是趋势突破，我一定会追回来吃到这段利润的。我想说如果你是一直在这只股票操作的投资者，经历了图中 2018 年 8 月 1 日和 2018 年 10 月 23 日两个假突破长上影线的追高割肉，你是否还会有这个执着和勇气呢？即使你仍然痴心不改仍然敢追，难道 K 线走势就不能突破两天后来一根大阴线跌回下降通道继续下跌吗？可能你又会说我做三天确认啊，你看看就拿这个随机找的股票为例，你要是等突破三天确认再进去刚好会买在第一个高点上，接下来就是连续三天的将近 10% 的调整，几个人能抗得住？就算你抗得住，难道股价就一定会如图有第二波上涨吗？就不会出现一波上涨就结束吗？

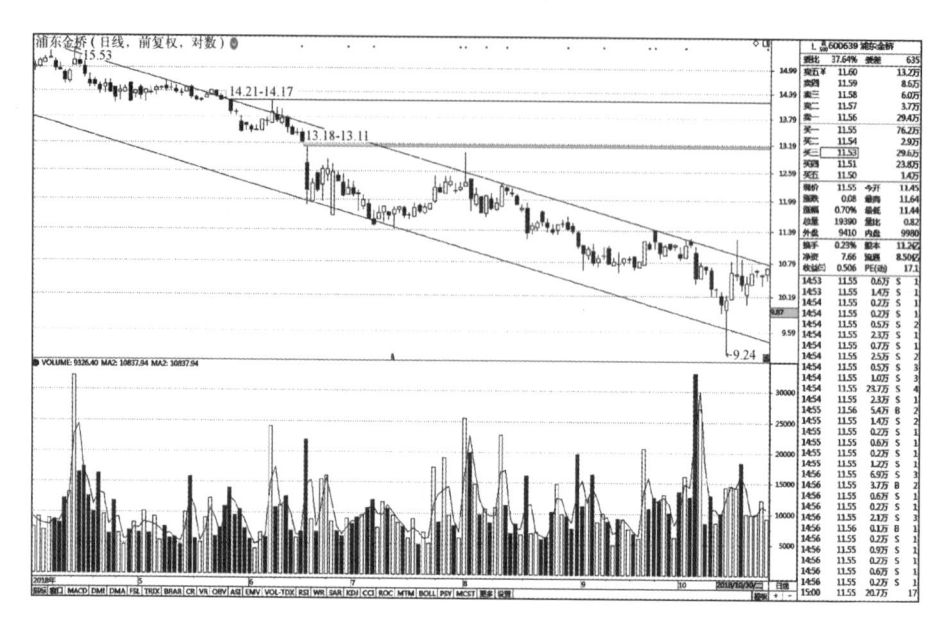

图 1-21　2018 年的浦东金桥

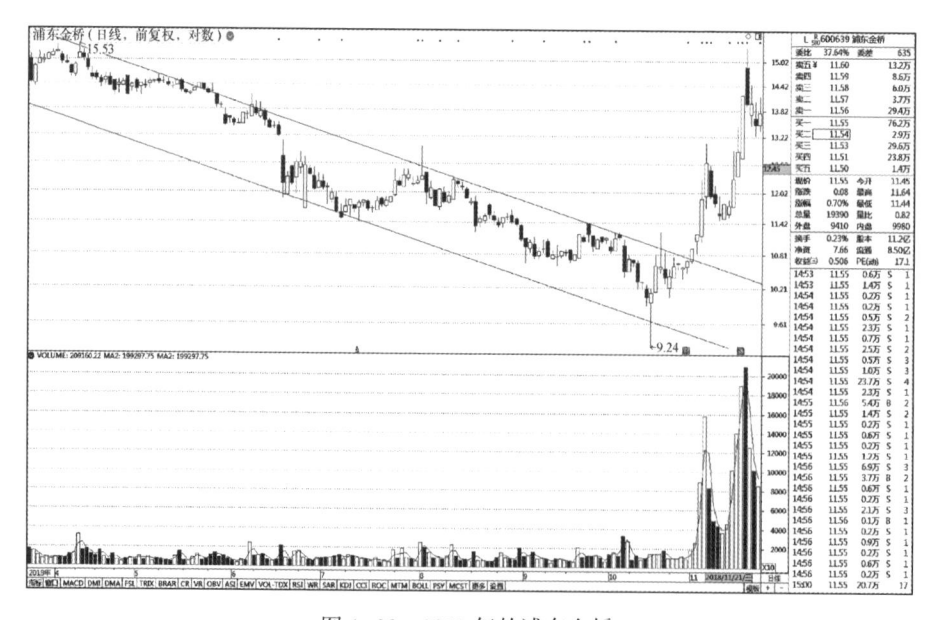

图 1-22　2018 年的浦东金桥

2. 形态分析法

形态分析，我们这里就列举最常见、最实用的箱体形态，甚至有人专门为这个形态写了一本书，我们这里就列举两个例子大家自己看：第一个是梅雁吉祥（600868），如图 1-23 所示。这是一个标准的箱体整理，然后突破，看着是那样的完美。对于大多数人来说，看到这个图一定会说我会在回踩箱体底部那个位置介入，或者有人说我一定会在箱体突破的时候介入博取主升浪。看起来说得多么有道理啊，这就是股票走出来了，分析的人都是股神。不信你就让这个分析得头头是道的人再说一个还能突破的个股来，估计就没这么好运了。

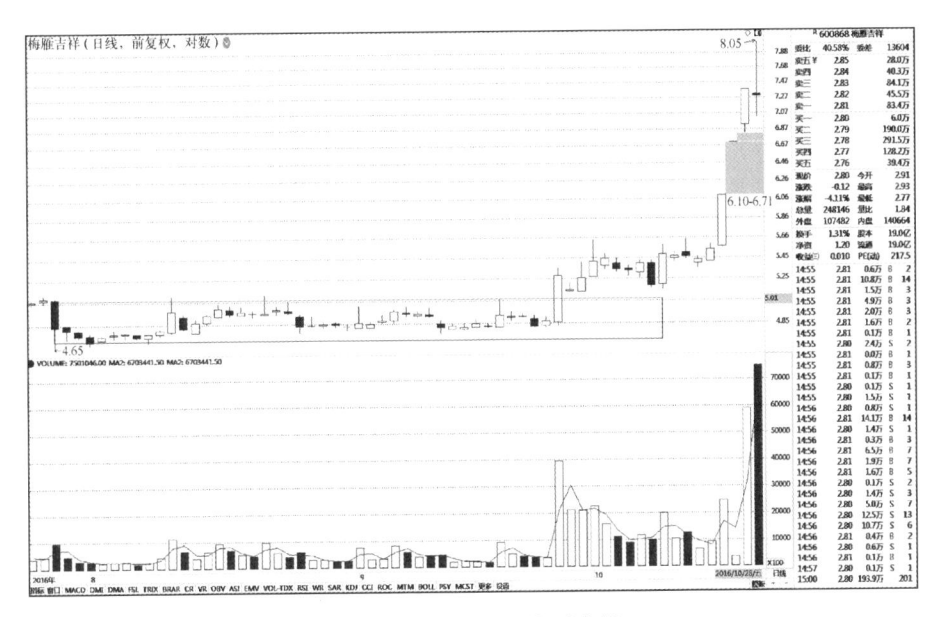

图 1-23　2016 年的梅雁吉祥

比如你买了新集能源（原名国投新集 601918），绝对跌到你痛不欲生，如图 1-24 所示。看看吧，同样的箱体形态，如果我给你挡住那个跌破箱体底部的大阴线，你别说箱体底部你不会介入。可能有的人会说跌破箱体底部我会止损的，那是我没给你找一个带长下影线又收回去的，分分钟让你左右打脸。看到了吧，相同的形态，结果完全是一个上天堂一个下地狱，其他形态也是如此。

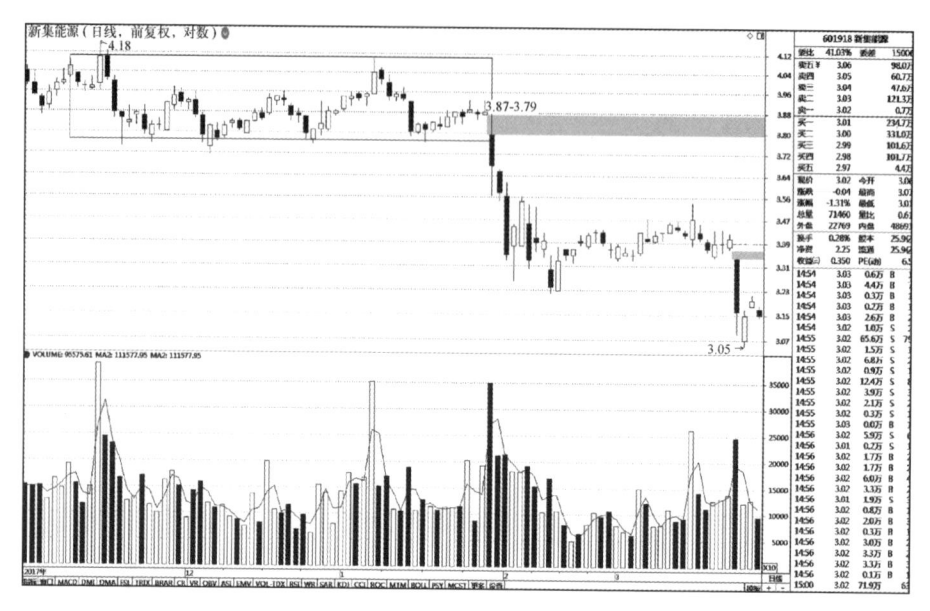

图 1-24　2017 年的新集能源

3. K 线分析法

这里同样找个最常用的早晨之星为例，这个 K 线组合是短期止跌企稳的最常见的信号。我们随机找一只股票中国汽研（601965），如图 1-25 所示。一看这个早晨之星太厉害了，用这个方法能买到 V 形反转的低点，但同样的 K 线组合真的每次都会发生这种反转吗？答案肯定不会，要不连三岁小孩来股市记住这形态都能百战百胜了。

再看看这个福达合金（603045），如图 1-26 所示。在这只股票下跌的图中有多少个早晨之星形态，你只看到了最低点 V 形反转的那一颗，却没看到下跌途中有多少颗星，最低点前的任意一颗早晨之星你买进去了都会让你套到崩溃。

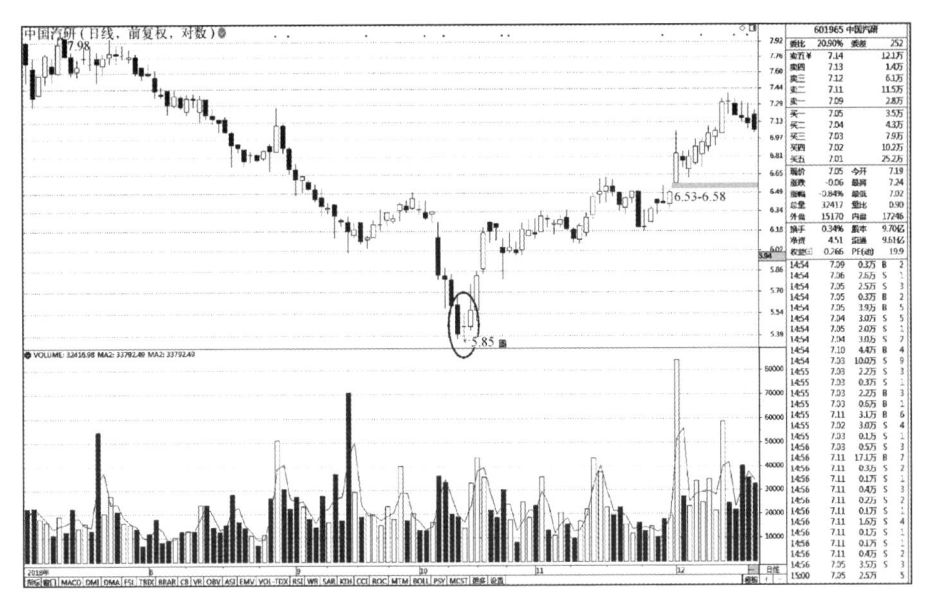

第一章 "术"层面的理论和技术是亏损的根源

图 1-25　2018 年的中国汽研

图 1-26　2018 年的福达合金

三、为何学会了理论分析依然在市场中赔钱

继续以在中国股市有广泛群众基础的波浪理论为例，与其说波浪理论是一种技术分析方法，不如说它是一种思想方法。在中国股市套用波浪理论的成功者寥寥无几，因为同一时间不同的使用者会给出不同的浪型答案。波浪理论只是对人性内在变化的外在体现，与东方哲学经典的"先知先觉、不知不觉、后知后觉"不谋而合。艾略特通过对股价周期趋势循环发现：不论趋势的层级大小，都是遵循一种市场景气和人心的反映。他把股价周期趋势划分为"五浪上升，三浪下降"的基本节奏，五浪的上升趋势又可分为三个推动浪以及二个修正浪，三个推动浪分别为第1、3及5浪，而修正浪则为第2及第4浪；三浪下降趋势浪则分为a、b、c三浪。这上升及下降的八浪形成一个完整的周期，而且这样的周期将不断地反复持续。这八个波动的完整周期的现象普遍存在于各种时间刻度，而形成各种大小的波浪，每一个浪都可包含更小规模的波浪，并且每一个浪也都为另一个更大刻度的浪所包含。

在空头市场中，波浪的形态亦呈现出同样的形态走势，只是形状上下相反。在图1-27中B浪(a)(b)二浪，便是由二个次级浪所构成的。

波浪理论是通过价格上涨下跌现象不断重复，来总结出价格上涨和下跌的规律，并首次提出了价格上涨、下跌过程中的内部结构。每个周期都由上升(或下降)5个过程和下降(或上升)3个过程组成，这8个过程完结以后，这个周期已经结束；将进入另一个周期，新的周期仍然遵循上述的模式，也就是常说的"八浪循环"，这就是波浪理论最核心的内容。波浪理论的推动浪，浪数为5(1、2、3、4、5)，调整浪的浪数为3(a、b、c)，合起来为8，如图1-28所示。

8浪循环中，前5段波浪构成一段明显的上升浪，其中包括3个向上的推动浪及两个下降的调整浪。在3个冲击浪之后，是由3个波浪组成的一段下跌的趋势，是对前一段5浪升势的总调整。这是艾略特对波浪理论的基本

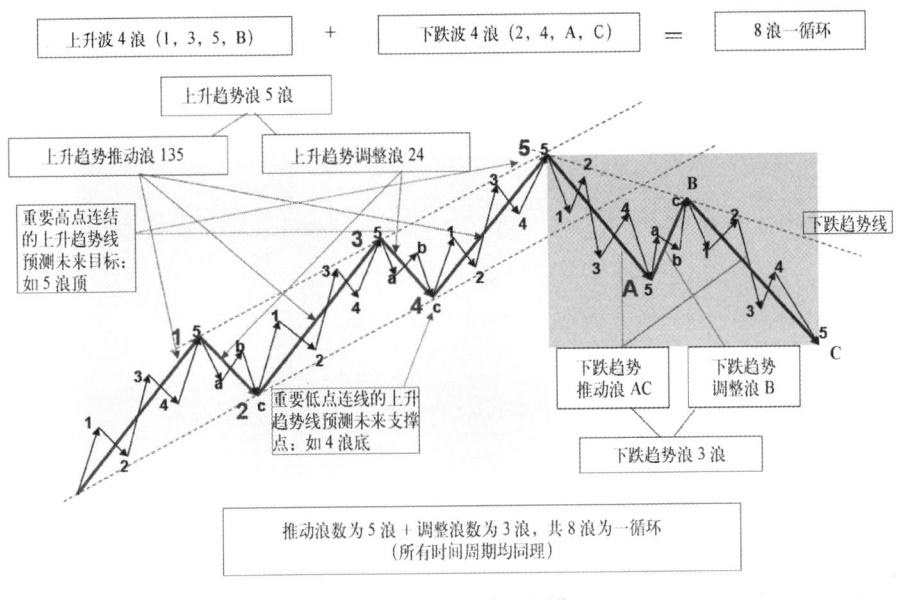

图 1-27　八浪完整周期

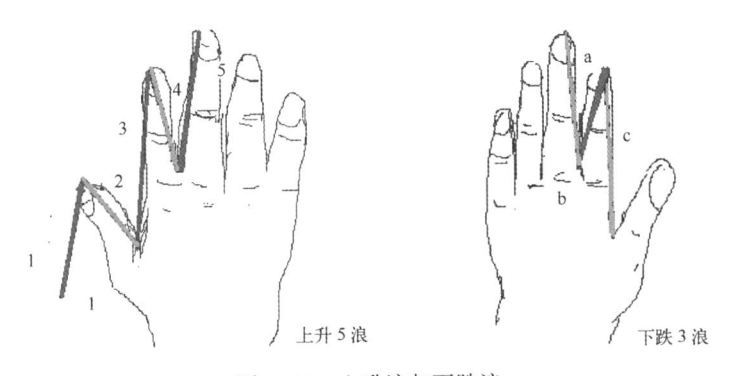

图 1-28　上升浪与下跌浪

描述。而在这 8 个波浪中，上升的浪与下跌的浪各占 4 个，可以理解为艾略特对于股价走势对称性的隐喻，如图 1-29 所示。

在波浪理论中，最困难的地方是：波浪等级的划分。如果要在特定的周期中正确地指认某一段波浪的特定属性，不仅需要形态上的支持，而且需要对波浪运行的时间作出正确的判断。换句话说，波浪理论易学难精，易在形

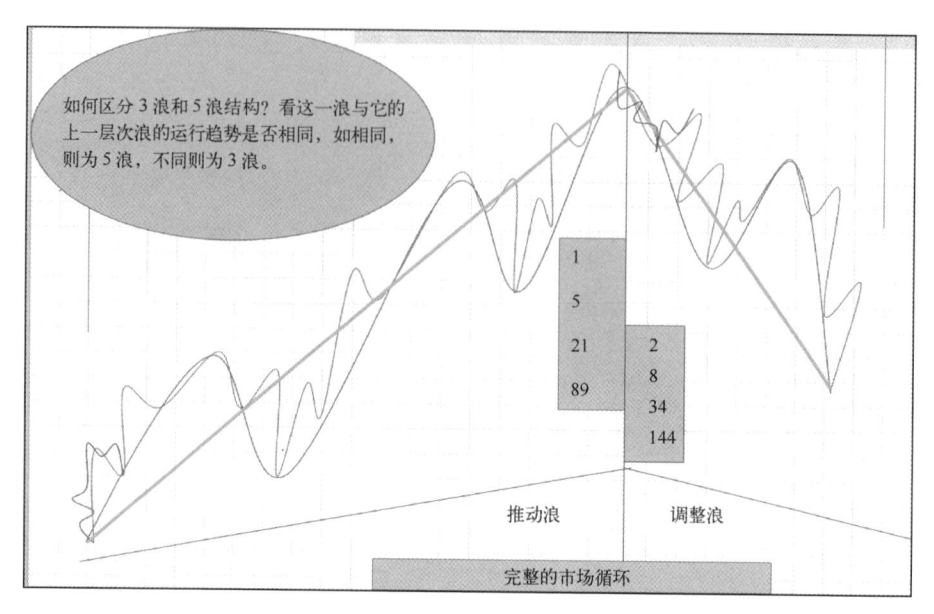

图1-29 完整的市场循环

态上的归纳、总结，难在价位及时间周期的判定。

波浪理论很多人都知道，可能还有很多投资者对波浪理论的构成已经烂熟于心，但是为何还亏钱呢？原因很简单，这些投资者看到的只是波浪理论的外在表面特征，而波浪理论每一浪都反映当时整个市场情绪以及人心的变化。要赚钱你就得脱离这种市场的情绪，脱离人心之变化。那么人心所向都是美好的但并非所向一致，这也就是波浪理论为何浪中有浪，数着数着直接崩溃，偶尔一浪数错，整个行情规划都错误。波浪理论家对现象的看法并不统一，包括艾略特本人，很多时都会受一个问题的困扰，就是一个浪是否已经完成而开始了另外一个浪呢？有时甲看是第一浪，乙看是第二浪。差之毫厘，失之千里，看错的后果却可能十分严重。一套不能确定的理论用在风险奇高的股票市场，运作错误足以使人损失惨重。

甚至怎样才算是一个完整的浪，也无明确定义，在股票市场的升跌次数绝大多数不按五升三跌这个机械模式出现。但波浪理论家却曲解说有些升跌不应该计算入浪里面。数浪完全是随意主观;波浪理论有所谓伸展浪,有时五个浪可以伸展成九个浪。但在什么时候或者在什么准则之下波浪可以伸展呢?艾略特却没有明言,使数浪这回事变成各自启发,自己去想,所以这就是市场反应在市场参与者心里的反应,波浪理论的浪中有浪,可以无限伸延,亦即上升市时可以无限上升,都是在上升浪之中,一个巨型浪,一百年几十年都可以。艾略特的波浪理论是一套主观分析工具,客观准则意义不大,所以就会出现失败的第五波,而市场运行却是受情绪影响而并非机械运行。

综上分析,波浪理论只是一种思想方法,如果用波浪理论套用到选股、持股上,那一定会令投资者倾家荡产。试看一下哪个股票是在遵循着推动五浪调整三浪在运行的?如果你真的迷恋波浪理论,倒是可以用它当作大盘趋势的辅助分析工具。

对于上市就是10多个涨停或跌停的A股市场,人为因素严重。这些波浪理论、江恩理论、薛斯通道等,讲究人与自然的西方理论巨著在中国股市或许有偶尔的成功,但基本无用武之地。

四、为何掌握了可靠消息在市场中赔钱

在股民中有一些总是热衷于探听各种"小道消息""内幕消息",并以此作为买卖股票的依据。有调查显示,目前A股市场的投资者中,选择朋友荐股的投资者接近五成,依赖打听消息的投资者则占21.74%。先不说打探内幕是一种违法行为,这些打探内幕的人为什么大多亏损严重呢?

(一)消息未必真实

事物的谋划者往往将假象展现于表象,而把真相隐藏在事物背后。所以你所听到的消息未必是真相,或许只是别人想让你听到的而已。这个时候你应该问自己:"凭什么说别人都不知道消息,只有你一人知道?"如果连营业部里的大妈都知道的内幕消息,还有价值吗?股市里的消息,一传十、十传百,亦真亦假、真假难辨。对于大多数普通投资者来说,传到他们耳朵里的消息,有的是无中生有,有的是以讹传讹,有的是挖坑设套的骗局。拿自己

的真金白银去赌"雾里看花"的消息，实在是毫无理性可言。此前央视财经频道主持人或许可做个典型例子，当年在主持着《交易时间》《市场分析室》两档专业财经类节目之时，理论上是站在消息前沿，但其曾经说："我也是一个股民，我也因为炒股赔了很多钱。本来没做这个节目之前还好，手里还有点钱。后来做了这个节目之后，就发现一点一点被套，乃至于深度套牢，后来发现连嫁妆钱都赔进去了。"

（二）消息未必决定股价

即使你掌握的是第一手的消息，除去一般散户得到消息滞后的缺点；而且保证消息是真实的，也未必会赚到钱。因为消息发挥的作用是有限的，市场才是最终的裁判员，市场有很多知情人士都栽到了内幕消息上。

2016年6月，中×建材集团有限公司拟将持有的中建材浚×科技股份有限公司（下称"浚×科技"）55%股份，协议转让给凯×科技集团公司（下称"凯×集团"）。当年7月22日，汤李×以凯×集团副总经理兼总设计师的身份，参与讨论浚×科技装入凯×科技的可行性，最后初步确定凯×科技直接向浚×科技现有股东发行股份收购浚×科技。掌握该消息后，2016年8月5日，汤李×回×州看望父亲，第二天弟弟汤义×也回到家，兄弟二人在家见面。三天后，汤义×开始向名为"汤某×"的证券账户转入资金。截至2016年8月25日，累计转入65.6万元。汤义×在转入资金的同时，利用"汤某×"的证券账户开始疯狂买入凯×科技股票。截至2016年8月24日，累计投入41.96万元，购买了2.3万股。汤义×在操作之余，不忘把"珍贵"的内幕消息分享给好朋友郭××，郭××先后通过"郭××""李××（郭××妻子）""南京伟×"三个证券账户，总计投入642.18万元。另一边，汤李×的妻子郭×也在暗自运作，企图利用内幕消息猛赚一笔。为了掩人耳目，她在2016年8月12日向吴××的银行账号转入110万元；吴××则在当天突然开立证券账户，并把银行卡内的110万元转入该证券账户。2016年8月21日，汤李×接到通知次日到蚌×玻璃工业设计研究院开会，商议浚×科技注入凯×科技的事项。在汤李×开会时，郭×使用"吴××"的证券账户买入3.73

万股凯×科技，并且在凯×科技停牌的前一天又买入 1 万股，总耗资 104.35 万元。

2016 年 8 月 24 日晚，汤义×与汤李×微信视频聊天。第二天，汤义×又开始集中买入凯×科技。他亏损清仓刚买入不久的洛阳玻璃，还向朋友借了 50 万元，全部用于买入凯×科技。截至 2016 年 8 月 29 日，"汤某×"证券账户累计投入 114.87 万元，来购买凯×科技。

2017 年 2 月 13 日，凯×科技复牌后，汤义×、郭××相继清仓，分别亏损 5.54 万元、40.28 万元。截至 2017 年 3 月 17 日，郭×操作的"吴××"账户没有卖出凯×科技。不过结合凯×科技当日股价，郭×持有的股票已经处于浮亏状态，如图 1-30 所示。至此，汤李×的"内幕消息"，不仅把妻子、兄弟拉下水，还让弟弟的朋友郭××跟着亏了 40 多万元。

图 1-30 2017 年的凯×科技

> 虽然数以亿计的投资人，包括专业的机构投资人，每天都在股票市场上买卖股票，但是你真正对中国独特的股市了解多少呢？

第二章
了解东方道家哲学的中国股市

　　有物混成，先天地生。寂兮寥兮，独立而不改，周行而不殆，可以为天地母。吾不知其名，强字之曰：道，强为之名曰：大。大曰逝，逝曰远，远曰反。故道大，天大，地大，人亦大。域中有四大，而人居其一焉。人法地，地法天，天法道，道法自然。

——《道德经》

我国的股市正如老子所言的那样，一直处于循环往复的运行之中，牛熊轮回不止，运行中又变化莫测。回首二十多年股市的暴涨暴跌行情，每次涨跌都有各自不同的缘由；这个时候，有的人就会陷入变幻中寻找规律，结果发现都是枉然。因为变化是从表象的状况开始的，一切变化所透露出的都是外在表象，从变化中探求变化的原因不可得。正如《道德经》中所提"人法地，地法天，天法道，道法自然"，股市所表现出来的万般变化都是环环相扣产生的，而我们所看到的都是传到最终的外在表现形式。看似变化莫测、杂乱无章，若想弄清其中的原委，就应该透过万变的表象，从不变中求。在笔者看来，造成我国股市暴涨暴跌、牛短熊长的原委就出自这"三不变"：其一不变是交易制度不变；其二不变是资金构成不变；其三不变是上市公司不变。本章我们就从这"三不变"分别说起。

第一节 不变的"交易制度"

其一不变是我们的交易制度，这是与世界任何一个资本市场都不一样的制度，极具中国特色。具体表现为 T+1 交易制度、涨跌停板和单边交易制度，这三个独有的交易制度注定了 A 股的非比寻常的走势。

一、T+1 交易制度

1992 年 5 月上海证券交易所取消涨跌幅限制后实行了 T+0 交易规则，1993 年 11 月深圳证券交易所也取消了 T+1 交易规则，实施 T+0。1995 年基于防范股市风险的考虑，沪深两市的 A 股和基金交易又由 T+0 回转交易方式回到了 T+1 交易制度，一直沿用至今。

众所周知，目前的中国股市交易制度是 T+1，也就是当日买进的股票要等次日才能卖出。这项交易制度是一把双刃剑，我们客观地论述一下它的影响。

从有利方面讲，①由于投资者在 T+1 条件下不能抛出，无法平抑上涨的价格，助涨作用由此显现。而股价的上涨增加了广大投资者的财富，有利于上市公司再融资，证券公司的佣金收入和政府的印花税收入也会增加。②在一定程度上抑制投机。利用交易的延时性，投机者无法快进快出，减少过度投机炒作气氛的弥漫，从制度上起到保护风险防范意识脆弱的投资者，特别是广大中小投资者。③主力虚假交易有所减少。主力在筹码一定的情况下，做出很大交易量的难度增加。如果是 T+0 可以用相同的筹码买进卖出，增大交易量迷惑散户。④减少交易成本。在单次交易成本确定的情况下，减少了交易次数，一定程度上减少了交易成本。⑤有利于长线投资。由于投资者在当日买进股票后当日不能卖出，减少了短线交易的可能，有利于促进投资者进行长线投资。⑥做盘所费时间少。由于投资者在当日买进股票后当日不能卖出，一旦买进股票后，投资者可充分利用余下的交易时间做其他的事情。

从弊端方面讲，①不利于投资者及时规避投资风险。当投资者买入了一只股票当日就发现判断失误，但投资者在当日是不能卖出的，无法迅速止损、避免风险扩大，而只能在交易第二天卖出，这很有可能给投资者带来巨大损失，同时也无法止盈，保住收益。②极大降低了股票市场的资金使用效率，减低了市场应有的流动性，人为地延长了股票的买卖过程时间，使交易效率明显降低，相对降低了市场流动性，造成了股票交易价格中存在非流动性折价，偏离股票的基本值。③不利于股票市场的活跃。特别是当股票市场处于连续低迷状态的时候，T+1交易容易导致股票成交量的急剧萎缩，致使投资者信心不足。④容易积聚下跌能量。在下跌行情中，短线当日买进后，只能在次日止损，主力只要利用少量筹码，击破关键价位，就能引导跌势，短线多头只能翻空，另外在T+1条件下，做空能量不能累积和释放，往往出现阴跌绵绵，少有反弹的特征。⑤与股指期货T+0交易不能匹配。2010年4月16日，股指期货正式挂牌后，尽管实施了T+0交易，但A股市场T+1制度仍未改变。A股T+1与股指期货T+0的制度漏洞，难以发挥股指期货套期保值的作用；使得机构和股指期货投资者可以针对股票市场的标的物严重做空，而在股票市场的投资者眼睁睁地看着别人疯狂打压，无法出货而出现严重亏损，或者只能被动减仓而为他人作嫁衣。更有甚者，基金经理利用基金做空A股，而个人在股指期货上牟取暴利。于是，单边市在改变的同时，又制造出一个有着交易制度缺陷的双边市，其后果更为严重和突出。没有A股T+0配合下的股指期货是中国股市的又一大"创举"。⑥容易造成新股暴涨，偏离基本面。在中国股市新股不败是个神话，不论新股以多高的价格、多高的市盈率发行，上市的首日总会大涨，而且涨幅巨大。其实根源就在T+1交易制度上，因为新股首日无涨跌停板，机构庄家通过网下认购和网上申购可以获得大量首发股，在上市当日先在低位接住散户抛盘，等散户抛得差不多时，冉拉高，即使有精明的散户低位介入也无法抛出，所以它们就很顺利地在高位出掉筹码。比如：如果发行价5元一股，用同样的资金拉到25元，庄家的成本不会超过15元，那么接下来即使跌3个停板，还在18元之上，庄家只要在第三个跌停出局，获利就是巨大的。可如果是T+0回转交易，机构还敢这样玩吗？当天追入的散户就会把庄家打死，新股暴涨的神话恐怕就会终结。

我们列举一个具有强烈对比的例子——中信建投证券，如图2-1所示。我们可以看到一上市就开始了一字板涨停之路，股价很快从6.32元快速攀升至11.80元，终不敌2018年大盘整体的下挫，最终一路下跌至5.97元。可到了2019年初指数上涨，券商唱主角，外加上科创板概念热炒，这个次新券商股又叠加了创投龙头概念的个股开始了一轮轰轰烈烈的上涨，并开始出现连续拉涨停的态势，股价很快攀升至31.86元。

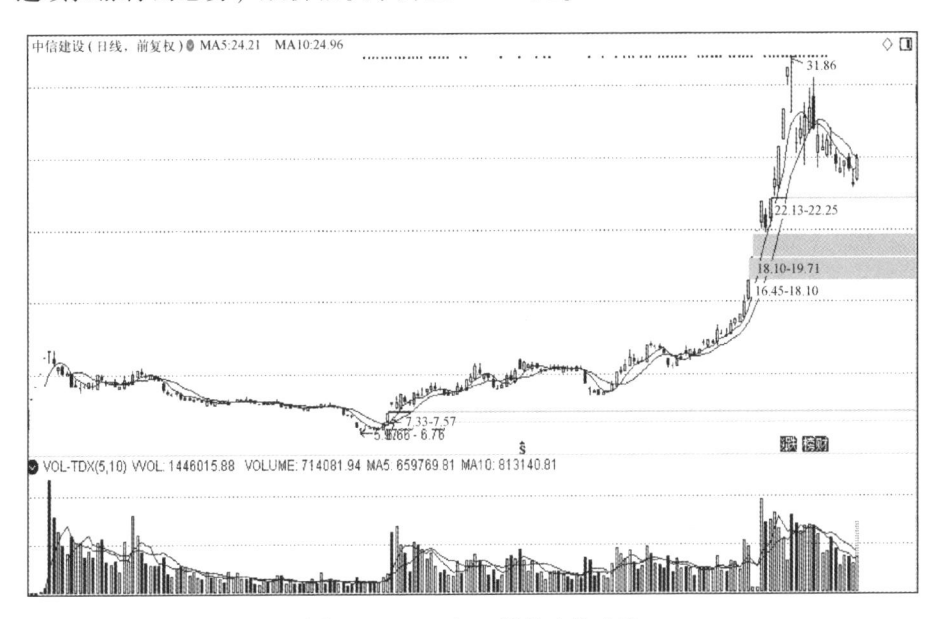

图2-1 2019年A股的中信建投

同期的港股中信建投06066.HK呢？其表现差强人意，股价从发行价最低跌到3.765港元，而后的上涨却最高只是碰触了一下8.5港元，如图2-2所示。

相同的一家上市公司，在A股和港股两市鲜明的对比再次验证了单边市制度并没有让股票理性上涨，反而使得新股暴涨成了特色。这样的暴涨必然

图 2-2　2019 年港股的中信建投

又带来了大量的套牢盘，后期迎来的恐怕又是慢慢的熊途。整体而言，T+1制度并没有能减少投机，由于市场主力可以在当日放心拉抬个股价格，而不必担心当日获利盘的回吐压力，T+1 在一定程度上被主力利用为投机的工具，最终成为中国特色交易制度之一。

二、涨跌停板制度

我国证券市场现行的涨跌停板制度是 1996 年 12 月 13 日发布，1996 年 12 月 16 日开始实施的。制度规定，除上市首日之外，股票、基金类证券在一个交易日内的交易价格相对上一交易日收市价格的涨跌幅度不得超过 10%，超过涨跌限价的委托为无效委托。

涨跌停板制度是为了防止股票的价格发生暴涨暴跌而影响市场的正常运行，股票市场的管理机构对每日股票买卖价格涨跌的上下限作出规定的行为。但正应了老子所说的，"祸兮，福之所倚；福兮，祸之所伏"，这样的制度同样助涨了中国股市投机之风。

从有利方面讲，我国股票市场尚处于发展的初级阶段：市场机制还不健全，具有比较浓厚的投机氛围，股市的大幅波动更多是由于一些机构恶意炒作和散户缺乏理性盲目跟风而导致的，这就需要市场外的调节机制对股票市场进行规范。因此，从现阶段我国股市发展的情况来看，涨跌停板制度作为监管当局的一种市场干预手段而言，对抑制过度投机和交易过热能够起到一定的作用。

涨跌停板制度也使得中国股市在另外一个畸形的道路越走越远。

（1）扭曲股价走势。股票的涨跌有其自身规律，用行政手段来限制只会适得其反。迄今为止还没有一个股票因为有了涨停板最终涨得少了，相反，往往是轻易地涨过了头。因为越是买不到越是涨得厉害，从而引起股价更加剧烈的震荡。国家级雄安新区的设立市场反应就是一例。在 A 股和香港市场上市的金隅股份，是受益雄安新区建设的主要企业，但公司股价在两市涨幅迥异。香港市场上金隅股份第一天大涨 35% 之后，股价波动较平稳，如图 2-3 所示。

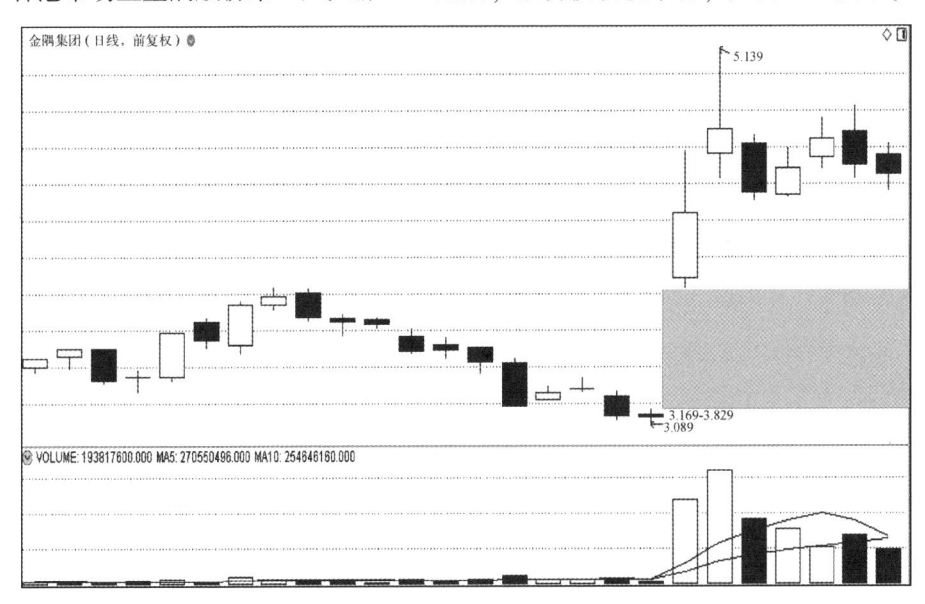

图 2-3　2017 年港股的金隅集团

但在A股市场，股价连续6个"一字"涨停，如图2-4所示。

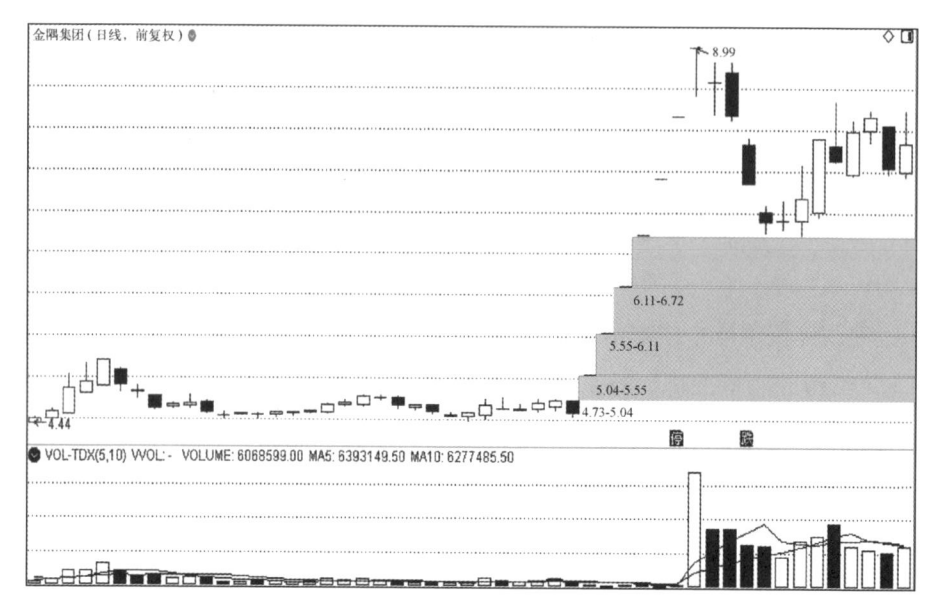

图2-4　2017年A股的金隅集团

反过来跌也一样容易跌过头，如近日被刷屏的"血王血亏"的故事：上市公司上海莱士动用资金炒股巨亏后，致使二级市场估价出现连续的"一字"板跌停，由于是融资融券标的，大量融资盘被强平，致使跌停更加猛烈，丧失流通性，其惨烈程度如图2-5所示。

在ST股上尤其明显。股价走势的非理性在ST股票上表现得尤其明显，可以今天开盘就涨停，明天开盘就跌停。股价不仅不因涨跌停板变得理性，反而更不理性了。列举一个*ST天马（002122）的例子，如图2-6所示，怎一个"惨"字了得。

（2）给股民操作设立障碍。因为涨跌停板制度使股民的操作难度增加，好的股票买不到，坏的股票卖不掉。等买到了或卖掉了，股民往往吃了大亏，因为这时的股价是严重失实的，股民被憋急了容易冲动。

（3）为庄家操纵股价提供便利。涨跌停板制度给股民操作增加难度的同

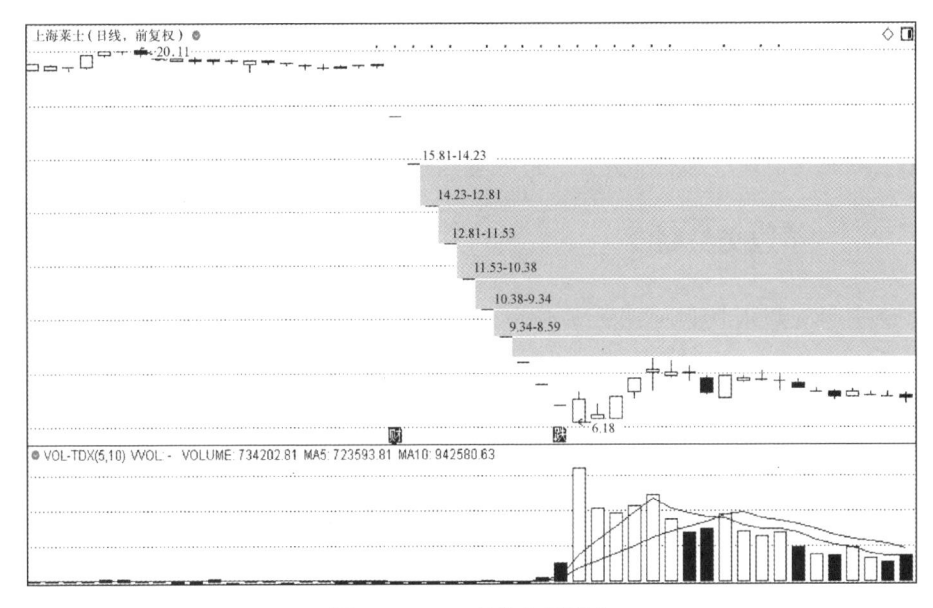

图 2-5　2018 年的上海莱士

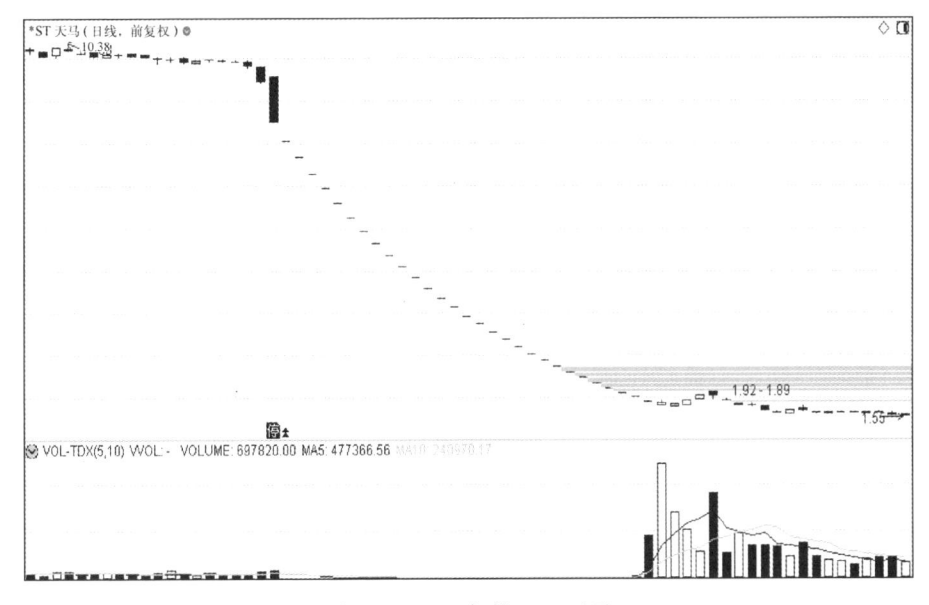

图 2-6　2018 年的 *ST 天马

时,也为大资金操纵股价提供了方便。它们利用其信息优势、资金优势和跑道优势大肆做盘做图形,诱骗股民上当,或被深套,或廉价割肉。

总而言之,涨跌停板制度并没能减少投机,反而助涨助跌,使得股市无论上涨还是下跌,都更加疯狂,造成暴涨暴跌的局面。

三、单边交易制度

中国A股市场目前实行的是单边交易,也就是单向交易,只能买涨赚钱。中国股市没有卖空机制,也就说,在中国股市中,不论你以什么价位买入股票,只有在更高的价位上卖出才能赚钱,否则就会亏钱。中国股市的这一特征,使参与股市的各类人士,包括机构、散户、券商甚至管理层,都自然而然地产生一种"做多"的情结,将股指推高再推高,形成一个个的"股市泡沫"。到了市场资金和企业业绩所不能支撑之时,便是股市泡沫的破灭之时。于是股市必然出现"雪崩",必然出现所谓"跑得快,当元帅"的股市大逃亡结局。

(1)缺失做空交易造成了巨大的不稳定因素,在供求关系出现严重失衡的时候,必然会产生巨幅震荡,使股票价格泡沫过度膨胀。而一旦引入卖空交易机制,首先可以增加相关证券的供给弹性,当股票价格因为投资者的过度追捧或是恶意炒作而出现虚高时,市场中的理性投资者会及时察觉到这种现象,预期股票价格在未来某一时刻总会下跌。于是,他们就卖空这些价格明显高估的股票,增加这些股票的供给量,从而抑制股票价格泡沫继续生成和膨胀。其次,具有"托市的作用"。当这些高价股票因泡沫破灭而价格下跌时,先前卖空这些股票的投资者因到期交割的需要而会重新买入这些股票,由此增加了市场对这些股票的需求,从而起到"托市"的作用。

(2)单边市造成市场流动性缺失,卖空机制通过创造可卖空股票的供给和需求,使投资者的潜在需求得以满足。潜在供给得以"消化",提高证券市场的换手率,增加市场交易量和交易额,从而能够确实活跃证券市场,带动整个市场的交易量,为市场提供流动性;另一方面,由于卖空交易一般都采用保证金交易方式，投资者只需缴纳占卖空证券价值一定比例的现金即可进行交易，这就大大降低了投资者的交易成本，客观上也有利于提高市场的流动性。

由于缺乏卖空机制，中国股市目前呈现单边运行态势，市场的供需存在内在的不平衡，投资者买进股票的力量长期压倒卖出股票的力量，导致股票市场的供求失衡。单边市的结构缺陷使投资者的行为产生异化，从而导致中国股市投机氛围浓厚。在单边市的情况下，投资者只能通过股价的上扬获利，由于没有卖空，多方的力量通常是占压倒性优势的。于是，投资者会产生明显的追涨行为，导致股价的不合理暴涨，最终导致股价奇高，严重脱离公司的基本价值，使市场的系统性高估。而每发动一轮行情，最后都会造成大量套牢盘，同时也是造成中国股市牛短熊长的根本原因。

第二节 不变的"资金构成"

其二不变是我们的资金构成,也极具中国特色。我们是以散户为主体的新兴市场,而且机构资金源于散户,受制于散户的申赎,结果就成了无论散户还是机构,最后资金操作上都形成了散户化特征。

一、散户

散户是指在股市中,那些投入股市资金量较小的个人投资者。我国A股是世界第一大散户市场,散户占比确实远远高于其他国家。通过了解中国证券登记结算公司给出的数据发现,我国50万元以下的投资者占比达到了95%,总人数有四千万人之多,有人又给散户起了个别名叫"韭菜",市场每天都在上演着一场场轰轰烈烈的"割韭菜"的大戏。

绝大多数中国散户一旦和股市结缘,就从此和幸福绝缘了。股票跌了他郁闷,股票不涨不跌他纠结,股票涨了他又担心啥时候要跌,拿不住要卖,炒股之后就从来没有心里踏实过。更倒霉的是,在承受了这么多心理压力之后,发现竟然没赚到钱。这是由于散户的特点、构成、操作手法共同决定的,他们绝大多数必然成为任人屠宰的羔羊,而且一点都不值得同情。

(一)散户的特点

我们的散户患有严重的"信息迷恋症",患有此症的对一切消息都感兴趣,不管是公司传闻、政府公告、国际大事等,认为所有消息多多少少都会影响到股价,而股价也确实每天都在波动,因此看上去还真地影响到了股价。信息迷恋症的焦虑程度常常被不负责任的媒体任意加重,因为媒体的饭碗就是靠贩卖信息而来,它必然竭力宣称任何消息多多少少都是有价值的,正所谓卖瓜的王婆只能说自己的瓜甜。这倒还好,最怕的是媒体为了吸引眼球故意歪曲新闻，在现在的社会里，这几乎成了常见现象。某人明明说的是这个意思，媒体断章取义一下，立刻就变成相反的意思。股民们要是成天关心这类消息，那就要被耍得团团转了。常常是根据某消息做了决定，此后发现这个消息是假的，媒体后来又开始辟谣。

特别是当我们进入了信息时代，获取信息的成本难以置信的低。股民费尽心机打听各种小道信息，但你要知道，真正的操纵者永远将真实目的隐藏在事物表象的背后。试想，如果散户大厅的大妈都知道上市公司的消息，即便是真的，也是经过多少次转手传过来，那可以肯定地说，这个消息毫无价值或者是信息噪音，成天听信噪音，早晚会把自己的耳朵给搞坏。

一夜暴富心理是我们的散户的另一大特点，他们来股市抱着一颗来赌场的心。大家都知道十赌九输，一个赌徒很难在这个市场赢钱，甚至可以说早晚输得尸骨无存。这种打着来股市投资旗号的赌徒大致分为两种：一种是已经赚了很多钱的赌徒；另一种是已经亏了很多钱的赌徒。

前者会这么想：既然我已经赚了这么多钱了，说明我的运气非常好，或者我特别聪明，而且，既然是赚来的钱，即使亏掉一些也没关系。因为他似乎在玩别人的钱，而不是自己的钱，所以更容易下大注。试想，无论你赚得再多，这个股市是百分比的亏。即使你的资金翻倍了，只需要你亏百分之五十就回去了。进一步加大资金的下注，总会有那么一次失手，而只需要那么一两次的做错，就足够把你打回原形，甚至直接转盈为亏。

后者会这么想：我已经亏了这么多了，如果再不想办法翻本，那就真地都亏光了；所以无论如何，我还要赌下去，而且还要压上更多，这样我才有希望翻本。为了翻本，还想着把最后那点本钱都压上去，其结果没有悬念，除了亏损更多，不会再有其他结果了，翻本的念头会让已经亏损累累的你彻底被市场消灭掉。

(二) 散户的构成

我们散户的构成可以说是覆盖了社会的各个行业，其中有工人、医生、律师、老师、公务员、学生，等等。散户的构成决定了其对于资本市场知识的匮乏。他们可能是各个行业的佼佼者，但来到股市只能被称为"韭菜"。这样的例子简直举不胜举。牛顿有着被苹果砸到的天才脑袋，继而发现了牛顿三大定律，最终奠定了近代物理学的基础，但在炒股方面竟然一点都不"牛顿"！1711年，英国南海公司成立，发行了最早的一批股票。从每股128英镑左右开始上涨，涨幅惊人。看到如此好的行情，牛顿投入7000英镑购买了股票，两个月后卖出挣了一倍。但牛顿马上后悔了，因为到7月份，这只股票涨到了每股1000英镑，增值8倍，于是他立刻再投入。没过多久，南海公司总资产严重缩水，许多人血本无归，牛顿也亏了2万英镑。牛顿感慨地说："我能计算出天体运行的轨迹，却难以预料到人们的疯狂。"

1929年，丘吉尔在美国证券巨头巴鲁克的陪同下，在华尔街股票交易所开了一个户头，但忙活了整整一天，做了几十笔交易，无一获利。到下午收盘时，丘吉尔已经资不抵债要破产了。幸亏巴鲁克早有准备，事先吩咐手下用丘吉尔的名字开了另一个账户，丘吉尔买什么，另一个"丘吉尔"就卖什么；丘吉尔卖什么，另一个"丘吉尔"就买什么。因此，丘吉尔赔多少，另一个"丘吉尔"就赚多少，最后，两个丘吉尔赚赔基本持平。

美国篮球巨星飞人乔丹在篮球场上纵横驰骋，所向无敌，但在股市却屡遭惨败，少有佳绩。乔丹曾看好互联网投资，成为软件公司最著名的董事会成员。2000年，在Divine公司股票公开发行前4个月，乔丹购买了该公司的股票期权。可是，Divine软件公司的股票不仅没有升值，反而大幅下挫。乔丹当时价值100万美元的股票，两年后的市值大约只有3.7万美元。好在，这对拥有亿万资产的乔丹来说还不伤元气，但却大伤自尊。他自嘲说："我在篮球场上是天王巨星，在股市里却是个一年级小学生。"类似的故事还有马克·吐温、著名作家郑振铎、马克思、凯恩斯、小布什、沙特王子阿苏德，等等。

中国有句古话："隔行如隔山，隔行莫贪利"。由于散户的构成来自各行各业，对于股票市场都是一知半解，如同盲人摸象一般，这就注定了散户悲惨的命运，都沦为菜板上的肉，任人宰割。

(三) 散户的操作手法

情绪化交易，追涨杀跌模式是被反复打脸的根源。人的情绪是极容易受到市场影响的，当市场跌，人容易转为悲观；行情涨，人又容易过于乐观，人的情绪受市场波动的影响很大，所以容易出现追涨杀跌，或者抄高摸顶，这就是所谓的冲动型交易。追涨杀跌更是将情绪化交易推向了高潮，这本就是一种错误的操作手法，完全是个反向操作，为什么说是反向？

股市是跌跟随涨，涨跟随着跌，这才是正确的自然轮回规则。低位买入涨的概率要大于下跌，高位追进也意味跌的概率远大于涨，这两者之间的风险比完全不在一个级别。中国股市有句话说得好："一根阳线改变情绪，二根阳线改变观念，三根阳线改变信仰"，看似玩笑，实则三根阳线就可以诱惑大批的散户跑步来接货。很多人抱怨主力怎么像盯着自己的几万块钱在作盘，我一买就见顶大跌，我一卖就大幅拉升。主力可没时间也没心情盯你一个，他盯的是绝大多数这样的人。市场中，散户都存在一种共同的代表性思维，当你忍不住被套、折磨、割肉的时候，其他人也基本到了崩溃边缘；当你被大幅拉升弄得热血沸腾的时候，其他人也是按捺不住。所以，我们经常会看到一只连续上涨的股票，散户迟早有一天会被贪欲蒙蔽，丧失理性毅然追进，结果在你经不住诱惑，决定杀入的时候，你的这种思维恰好也代表了市场的绝大多数散户思维，低位不进，高位一窝蜂上，主力的目的也就达到了，收割韭菜也就随即展开。比如，最近你有没有去买恒立实业或者当年的特力 A 呢？

从不空仓，满仓操作模式是巨额亏损的诱因。宁可天天套牢，不可一日无股，这是当下散户的真实写照。如果账户一两天或一两周没有股票，没有操作，就似乎全身不舒服，就觉得是在亏钱。只要立即买入了股票，不管是赚钱还是亏损，就全身舒服了等等。亏损也会舒服吗？对的，很多散户永远相信自己的直觉，认为会涨，会赚钱，结果可想而知，再次进入了被套的悲观之中。要知道，我们的市场一直都是牛短熊长，从不空仓意味着你绝大多数的时间是处于下跌当中，那么你不亏钱谁亏钱呢？另外，散户最爱做的就是无论炒股资金是多少，每次操作必全仓买入，随后股市下跌，只能看着自己的账户亏损越来越大。割肉吧，不忍心，不割肉，继续亏损，等反弹时也无资金做T+0，没等达到自己的买入价，又开始杀跌，最终散户基本都会滴血割肉。在股市要永远做到手里有钱有股，这样进可攻，退可守；而且一再强调股市是百分比的赚，百分比的亏，翻倍的利润只要跌百分之五十就是回去了。满仓操作即使你是胜率高，这种毫无仓位管理的玩法也会把自己玩死。

频繁交易，是无法盈利的罪魁祸首。多数股民都知道不能频繁交易，都知道，频繁交易是大忌，是错误的，是应该避免的。但是，我们一次次告诉自己，不能再频繁交易了，再频繁交易就剁手；但一次次，我们又继续着频繁交易。许多人都把频繁交易归因到自己贪婪，是心态不好。真的是这个原因么？背后的原因到底是什么呢？根本原因是没有明确的交易规则，或有交易规则，但模糊、不够细化，导致许多看似是自己的机会，但也好似不是自己的机会，在价格上下波动、人容易情绪化的背景下，就通通当成了自己的交易机会。我们知道，市场每时每刻都有涨跌，所以人极容易感觉每时每刻都有机会，涨也是机会，跌也是机会，反正只要你想，满屏都是机会；你就无时无刻不在想赚钱，于是出现频繁交易。

另外，买一大把股票更是让散户被打得满地找牙。几乎大多数股民账户里的股票少则三五只，多则七八只。买一只不行，再买一只，还不行，再买一只……也许一段时间是有一只股票赚钱了，但能抵得过其他股票亏的吗？想想一个主力投入了大量的人力财力在一只股票上，散户人单力薄，一个都难以取胜更何况你还是一对多，即使哪一只股票出现了离场机会，很容易精力顾不过来，不能即时离场反而被套，我在股市20多年里，还没见过哪个散户靠买一大把股票这种模式赚过钱。

(四) 不值得同情的散户

特别想用暖性的词语去描述我们的市场，但这并不是市场的真实面目。只有用最尖锐的文字去解读，才会刺痛你对市场的感知，中国散户被折磨得死去活来的全都是自找的，不值得一丁点儿的同情，可怜之人必有可恨之处。

试想，一群患有"信息迷恋症"的门外汉，怀着一颗赌徒的心，一天到晚地在股市满仓追涨杀跌，高买低割，能赚到钱？那除非是太阳从西边出来了。

二、机构

我国股市中的机构基本可以分为公募基金、私募基金、游资这三类。对于大多数人来说，他们的存在很神秘，或者被称为"庄家"，但在笔者这里，已经司空见惯了。

机构在散户眼中就是那些拥有资金优势，可以主宰股票涨跌的人。机构被描述成无所不能的，既能超越技术指标、更能超越基本面，甚至大势大盘。但这纯粹是胡言乱语，大资金一旦看错趋势，死的比散户还要惨烈，我看到过身边太多的机构前赴后继倒在血泊之中，尸骨早堆成了山。本篇我们就一一来聊聊这些在众人眼中被神化了的"庄家"。

(一) 公募基金

1998年3月27日，20亿南方开元基金和20亿国泰金泰基金同时宣告成立，标志着中国真正意义的证券投资基金正式成立，也标志着中国有了真正意义的专业机构投资者。

我国公募基金行业发展大致经历了五个阶段。第一阶段是1991年至1997年的早期探索阶段。1991年成立的第一只专项物业投资基金——"珠信基金"(原名"一号珠信物托")，是中国最早的投资基金。到1997年之前，全国各地共设立了75只基金，但整个行业在1995年之后实质上已处于停滞状态。第二阶段是1997年至2001年的起步发展阶段。以《证券投资基金管理暂行办法》出台为标志，监管机构对老基金进行了清理规范。南方基金公司和国泰基金公司等基金公司成立，发行了开元基金和金泰基金等封闭式基金。第三阶段是2001年至2005年的规范发展阶段。《开放式证券投资基金试点办法》颁布，首只开放式基金——华安创新基金设立，以开放式基金为主的基金市场规模迅速壮大，基金管理的监管法规体系得到了不断完善。相应地，基金可投资范围从股票市场扩展到了债券市场和货币市场，基金品种也从股票型基金发展到债券基金、混合基金、货币市场基金和保本基金等。第四阶段是2006年至2007年的快速发展阶段。在中国股市快速上行的带动下,基金的规模扩张出现了爆发式增长。到2007年底,基金规模达到341只,总资产净值规模达到3.1万亿元,基金持股占股市的份额从2003年底不到10%到2007年的超过30%,成为股市中最大的机构投资者。第五阶段是2008年以来的创新突破与调整提高阶段。2008年,受国内股市暴跌影响,基金行业的发展遭遇了瓶颈,从2008年到2013年底,资产规模一直在3万亿元左右徘徊。2014年底新一轮牛市启动以来,公募基金又恢复了快速增长势头,2015年底达到8万亿元左右的资产规模。经历了2015年国内股市戏剧性的牛熊转换和大起大落,公募基金的产品规模仍然保持了一定的增速,2016年底达到9.17万亿元;但产品结构发生了很大变化,低风险产品保持了持续扩张的态势。

20年来,基金规模实现了从1998年初期的40亿元到2018年1月底的12.17万亿元的大跨越(投资二级市场的资金大约2万亿元),基金管理人由1998年5家发展到2018年1月底的128家,实现了快速的发展。但是,目前我国公募基金也存在中国特色,这也是造成我国股市暴涨暴跌的一个重要因素。

1. 资金来源单一化特征

国内公募基金的资金,主要是银行渠道中储蓄存款资金转化而来。基金主要依靠银行网点的理财经理推介销售、居民自愿直接认购,相应地,公募基金存在短期化和散户化的特征。美国的公募基金中虽然超过80%是由个人投资者持有,但大多以雇主发起的个人退休年金(IRAs)和缴费确定型退休计划账户(DC)的形式间接持有,是真正的长期资金。据统计,到2012年底,二者合计占养老金比重达到52.75%,超过美国当年GDP的60%。与国外相比,我国公募基金缺乏像养老金、保险资金、教育基金、慈善基金等机构投资人这样的长期资金。

基金公司的主要收入来源是基金管理费。由于国内基金产品严重依赖银行渠道代销,基金销售成本高、存续期限短,受到银行的制约较大,不少基金公司在与银行合作时没有议价能力,支付给银行作为销售渠道的尾随佣金比例甚至超过50%。因此，国内基金公司的盈利能力受到较大影响。特别是在股市低迷时，基金销售受到明显影响，在恶性竞争下，支付给销售渠道的尾随佣金占比更大。

2. 机构投资散户化特征

由于公募基金的主要来源是散户直接认购的短期资金，在投资上很难实现真正跨越周期的长期投资。基金投资都不可避免地表现出一定程度的机构散户化特征。如果股市行情好，股票型基金就大量发行，一只超百亿元规模的基金一天就可销售一空；如果股市行情不好，全市场一年也发行不了几只股票型基金。股票型基金的发行随着市场的跌宕起伏呈现出大起大落的特征。

基金公司的投资策略仍然较为单一，避险工具不足。股票市场好的时候，基金公司都大量发行股票型基金；股票市场不好的时候，基金公司就大量发行低风险的货币市场基金。公募基金同类产品扎堆发行的"羊群效应"非常明显，呈现出明显的同质化特征；在一定程度上对市场起到了助涨助跌的效果，规模波动较大。如何持续稳健地为投资者创造价值，摆脱"靠天吃饭"的局面，成为基金公司不得不面对的问题。

3. 公募基金的弱点

基金经理的主要收入是认购费、申购费、管理费、赎回费等，也就是说基金经理的收益主要是和基金的规模挂钩，而与基金净值的增减没有多少关系。简单点就是净值增加了，基金经理收入是那样，净值降低了，基金经理照样收管理费，旱涝保收。在这样的制度下，基金经理怎么会努力给基民创造利益呢？动力何在呢？

基金的最低仓位限制和建仓时间期限，在基金大规模发行时是制造严重泡沫的罪魁祸首。特别是股票型基金，股票最低仓位60%~70%区间，还有规定的建仓期限，即一定要在规定期限内完成相应额度的建仓。这样的制度性缺陷，使得公募基金在一定期限内不得不做出买进股票的动作，很快成为一个"吃饱的狮子"，而此时却是这头狮子最危险的时候。

公募基金加重了股市暴涨暴跌并产生连锁反应。公募基金并非基金公司和基金经理的钱，而是大户和散户的钱。这些人的本质就是追涨杀跌，只要大跌就会引发赎回，形成多米诺骨牌效应，刹不住车；进而引发其他基金和融资盘带动散户逃跑。举个乐视网的例子，非常多的公募基金扎堆乐视，乐视已经停牌一周，停牌期间，其他创业板权重已提前下跌。而贾××周末的演讲，继续以忽悠为主，空话连篇，没有多少干货，也没有任何维稳措施，这让投资者非常失望。悲观预期之下，基民选择提前赎回重仓乐视的基金。而基金为应对赎回，只能卖出其他股票。基民赎回，基金砸盘，然后就完了吗？当然没有，要知道你家重仓的是他家，他家里面有你家。乐视网跌了，带崩了昆仑万维和尔康制药，他们两个一崩，又会带崩谁？等于大家都陷入了一个囚徒困境，那怎么办呢，往往流通性好的就要被先开刀。我管你什么基本面，先开刀了再说，就如网宿科技、恒生电子。

公募基金"抱团取暖"效应明显。基金经理受制于散户金主短线思维，加上基金规模不足以引发大蓝筹行情，200亿元的基金全部买入工商银行，涨不了多少，何况还有10%的个股持仓限制。所以基金公司喜欢小盘股，一个基金公司的几个基金联合，就可以操纵小盘股的股价，从而疯狂"割韭菜"。这样比投资银行股靠净资产推动股价上涨拿点分红可靠、快速，符合基金背后金主的散户思维，引发继续申购。

公募基金不乏有用散户巨亏堆起来的明星，现在那些大的基金公司都是旗下有好多基金，完全可以在这些基金之间进行利益输送。选择一个没人关注的小盘股，两个基金之间互相买卖，不断拉高股价，最后股票都留在一个基金中，另一个基金就赚了这个基金的钱，就这样简单。这样操作就可以维持基金公司的明星基金收益很高，排名靠前，以此来吸引基民的眼球。在这个时代，注意力就是财富。

(二) 私募基金

私募基金，是指以非公开方式向特定投资者募集资金并以证券为投资对象的证券投资基金。中国私募基金的发展时间较短，但发展速度还是非常迅速的，无论是从基金数量、募集金额还是投资方向等，都保持了较强的增长态势。截至2017年11月私募基金比肩公募基金，管理规模逼近11万亿元。

我们对比一下公募基金与私募基金，①从募集方式上来讲，公募基金以公开的方式向社会公众投资者募集资金，可以通过电视报刊、基金公司网站、银行代售等方式公开发行；私募基金不能公开、只能向特定的机构或个人发行。购买公募基金的门槛比较低，一般1000元起步，有的基金公司100元起步，在交易日随时可以赎回；私募基金投资门槛比较高，一般100万元起步，所以许多想购买私募基金的投资者只能望而却步。②从投资限制方面看，公募基金在股票投资上受限较多，如持股最低仓位为6成，不能参与股指期货对冲等。而私募基金的仓位非常灵活，既可空仓也可满仓，且可参与股票、股指期货、商品期货等多种金融品种的投资。③从费用收取上看，公募基金的收入主要来源于固定管理费，由于公募基金规模庞大，每年的固定管理费便足以维持公募基金公司的正常运作。而私募基金的收入来源主要为浮动管理费，该费用的收取规则是私募公司在基金净值每创新高的利润中提取20%作为提成，这就意味着私募公司必须在给投资人持续赚钱的前提下才能盈利。④从流动性上看，公募基金的流动性非常好，而私募基金的流动性则相对较差，且有部分私募基金在购买后有6个月至1年不得赎回的限制。⑤从信息披露方面看，证监会对于公募基金的信息披露要求非常严格，公募基金每个季度都要详细地披露其投资组合，持仓比例等信息。而私募基金的信息披露要求较低，在投资过程中有着较强的保密性。

虽然相对公募基金有了更加灵活的操作模式，但是私募基金也有着自己固有的弊端。

（1）私募基金行业鱼龙混杂，有人才瓶颈。任何组织的成败关键都在于人才，尤其是高端优秀人才。对一些欠发达地区的中小私募基金而言，基本上，所谓的人才就是大学本科文凭外加基金业从业资格，偶有一、两位鹤立鸡群的高端人才，也难以与队友们形成最佳合力，从而实现公司在募、投、管、退各个环节的高水平运行。中小私募基金人才的短缺，或者是惜于财力，不愿意也不能聘请到优秀人才，必然难以实现自身在公司治理方面质的飞跃，也制约了其入股拟上市企业，并积极推动其发行上市和最终退出获取最大利润的可能性。解决人才瓶颈的关键，就是要不惜血本，尽可能多地笼络私募基金发展方面的优秀人才，通过科学的制度和高效管理使之发挥最大效用。

（2）私募基金募集资金渠道单一，募集困难，尤其对欠发达地区的中小私募基金而言，如何募集到足够的资金是一个大问题。在现有法律法规和监管体制下，是不允许私募基金在营销客户或募集资金时承诺获利比例的。而中小私募基金因为知名度不高，在法律法规和监管规则下，很难实现募集资金的有效突破。而其为了募集到资金，则不惜委曲求全，放低标准。一方面要放弃自身的有限利润，另一方面会面临触碰监管底线被处罚的危险，可谓两难境地。

（3）私募基金"地下化"严重，中国基金协会最新私募基金备案情况显示，已登记私募基金机构24191家，备案私募基金74701只。已备案的私募基金和实际的私募基金总数相比，可能如露出水面的冰山，只占总量很小比例。仅在北京、上海和深圳3座城市，就有将近10万家、占比约八成的可能涉足投资领域的机构，没有在中国基金协会做登记和备案。这些机构易被大众认为是私募基金管理机构。实际上，以上三地在中国基金协会备案的只有1.3万个私募基金管理人和7000多只合伙型企业基金，加起来总数为2万左右。2017年以来，公安部门到中国基金协会共查询了290家私募机构，其中218家没在协会登记备案。

（三）游资

游资是投机性短期资金。游资凶悍、敏捷、爆发力强，以热点题材为主，操作手法就是我们所熟悉的"短平快"。由于是一股作战机制非常灵活的闪电部队，所以在交易当中体现出其良好的优越性。在制度上，游资比机构们要轻巧简便，在战斗力方面比散户们要强大专业，因此在市场里，局部牛市赚钱效应都是游资们在主导。在整个游资体系里又分各个派别，他们操盘特点各不相同，笔者这里给大家介绍几个比较知名游资的风格。

1. 欢乐海岸，知名营业部

中泰证券深圳欢乐海岸、中国国际金融云浮新兴东堤北路、中信证券深圳总部、华泰证券深圳分公司等。目前 A 股最具影响力的大佬，其格局之大，只能让其他游资望而却步，在散户中口碑极好。只要出手，基本就是市场真龙，并敢于锁仓，后市资金愿意为其抬轿。“人精钱多”便是对欢乐海岸最简要的概括，对市场的龙头个股具有极强敏感度，并且资金实力雄厚，出手就是大牛股，诸如近期的万兴科技、盘龙药业都有其矫健的操盘身影，如图 2-7 和图 2-8 所示。

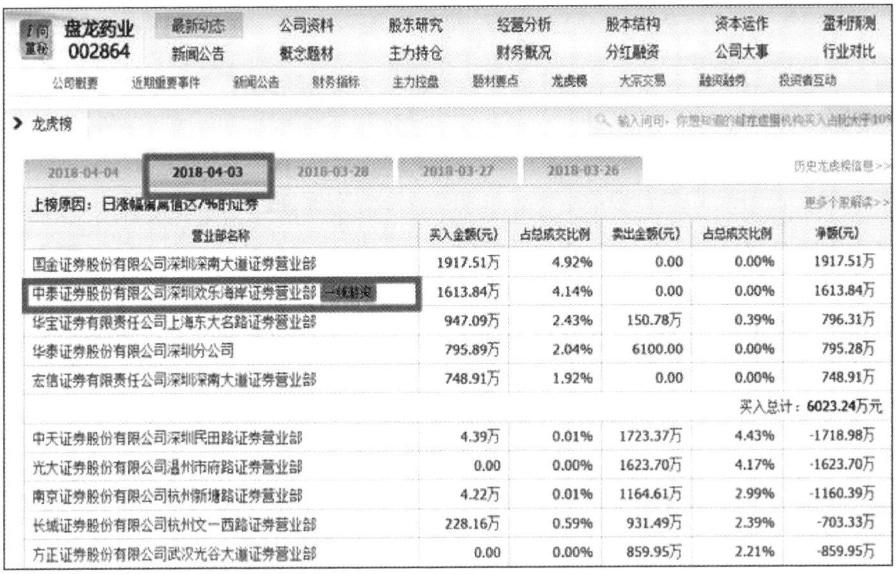

营业部名称	买入金额(元)	占总成交比例	卖出金额(元)	占总成交比例	净额(元)
国金证券股份有限公司深圳深南大道证券营业部	1917.51万	4.92%	0.00	0.00%	1917.51万
中泰证券股份有限公司深圳欢乐海岸证券营业部 一线游资	1613.84万	4.14%	0.00	0.00%	1613.84万
华宝证券有限责任公司上海东大名路证券营业部	947.09万	2.43%	150.78万	0.39%	796.31万
华泰证券股份有限公司深圳分公司	795.89万	2.04%	6100.00	0.00%	795.28万
宏信证券有限责任公司深圳深南大道证券营业部	748.91万	1.92%	0.00	0.00%	748.91万
					买入总计：6023.24万元
中天证券股份有限公司深圳民田路证券营业部	4.39万	0.01%	1723.37万	4.43%	-1718.98万
光大证券股份有限公司温州市府路证券营业部	0.00	0.00%	1623.70万	4.17%	-1623.70万
南京证券股份有限公司杭州新塘路证券营业部	4.22万	0.01%	1164.61万	2.99%	-1160.39万
长城证券股份有限公司杭州文一西路证券营业部	228.16万	0.59%	931.49万	2.39%	-703.33万
方正证券股份有限公司武汉光谷大道证券营业部	0.00	0.00%	859.95万	2.21%	-859.95万

图 2-7　2018 年盘龙药业龙虎榜

2. 金田路，知名营业部

光大证券深圳金田路、申万宏源证券深圳金田路、中天证券深圳民田路，与欢乐海岸齐名，资金实力雄厚，习惯高位接盘做连板，人称三板接力王。正常行情下 3 板介入 4 板就是必然走势。如人饮水冷暖自知，金田路等一旦做错，其割肉出逃绝不拖泥带水。而一旦认准的牛股，敢于锁仓吃肉，对市场资金有一定的引导号召力，操作个股涨幅可观，如图 2-9 和图 2-10 所示。

图 2-8 2018 年的盘龙药业

图 2-9 2018 年合金投资虎榜榜

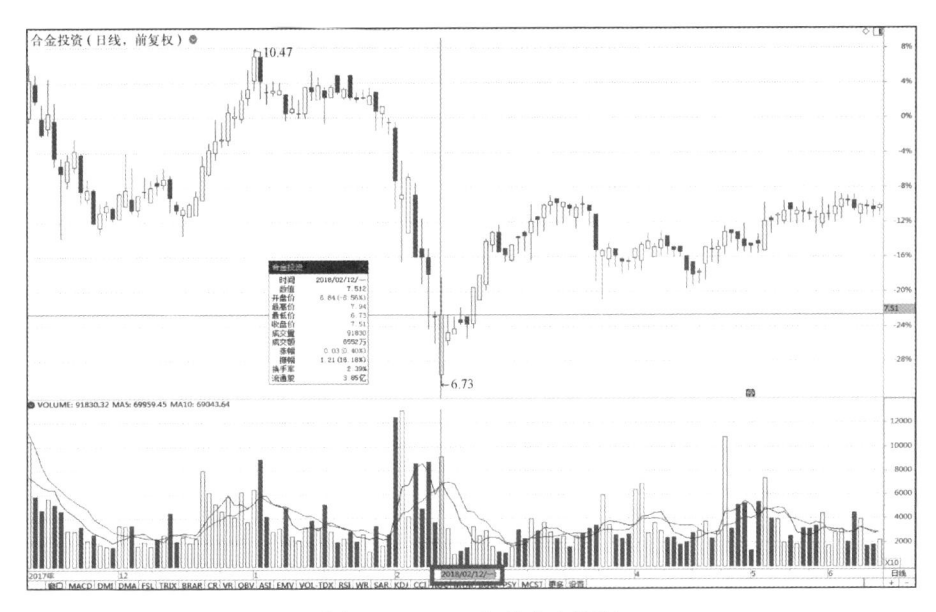

图 2-10　2018 年的合金投资

3. 佛山系，知名营业部

光大证券佛山绿景路、光大证券佛山季华六路、长江证券惠州下埔路、长江证券佛山普澜二路等。目前已经成为市场最热门、最活跃的游资之一。资金体量较大，风格主要以超短为主，尤其喜欢高位直线拉板，次日出局。近期超跌反弹、反包涨停等手法也均吃大肉；对市场题材理解力超强，消息快人一步，如图 2-11 和图 2-12 所示。

4. 炒股养家，知名牛散

华鑫证券南昌红谷中大道、华鑫证券上海宛平南路、华鑫证券上海茅台路、华鑫证券宁波沧海路等。炒股养家的通道速度在游资里认第二，没人敢认第一，通常利用此优势排板一字吃筹码，次日享受资金抬轿。资金体量极大，对市场有独特的认知。但是有个弊端就是一字封板个股无换手、其他资金进不去，高位后便不愿意抬轿，因此有点吃独食的意思，偶尔会使牛股扼杀在摇篮中。而其之所以经常一字排涨停，便是对市场的认知以及格局胸有成竹。

图 2-11　2018 年海汽集团的龙虎榜

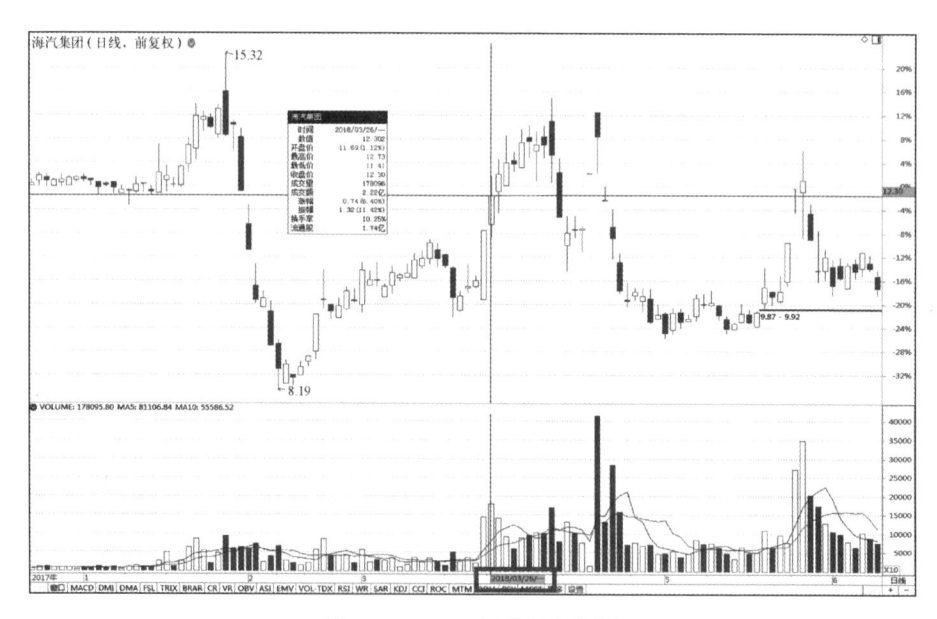

图 2-12　2018 年的海汽集团

养家心法，是所有人都应该学习的精髓，如图 2-13 和图 2-14 所示。

图 2-13　2018 年深南电路的龙虎榜

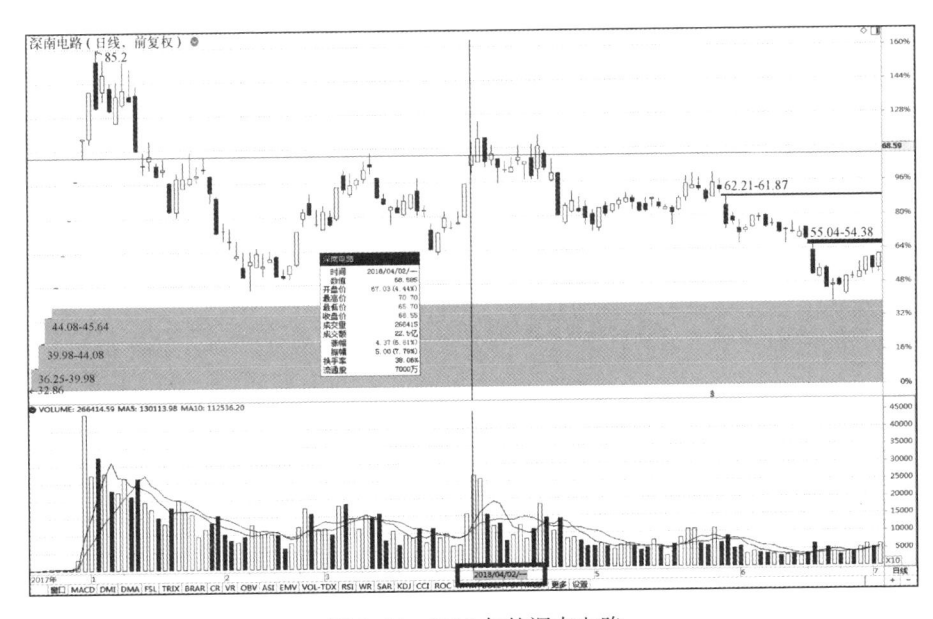

图 2-14　2018 年的深南电路

5. 重庆涪陵路，知名营业部

中信建投证券重庆涪陵广场路；重庆地区最著名游资大佬，手法简单暴力，买入 1 个亿只是小目标，以后市持续暴拉出货的打法为主；近期操作了北斗星通等个股，大资金，小浮盈，大收获，如图 2-15 和图 2-16 所示。

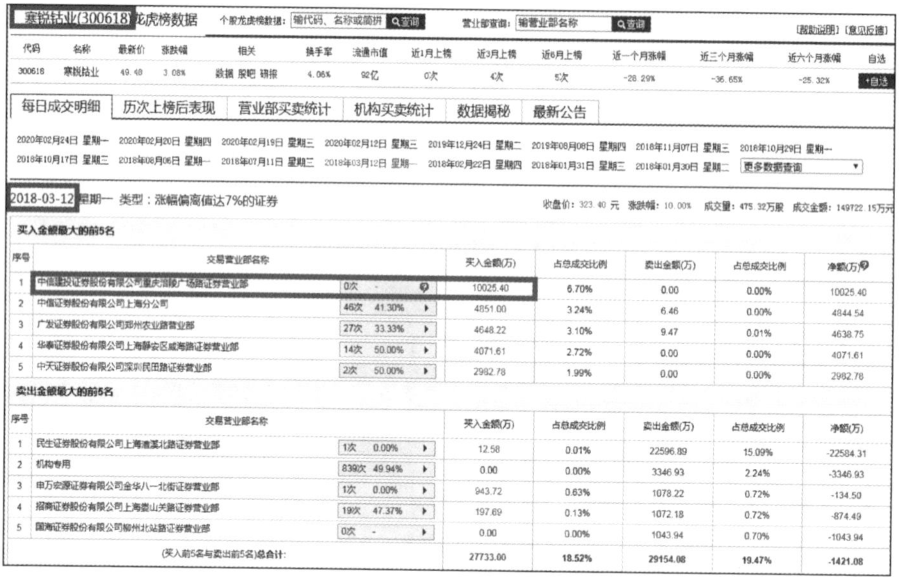
寒锐钴业(300618)龙虎榜数据　个股龙虎榜数据：输代码、名称或简拼 查询　营业部查询：输营业部名称 查询　[帮助说明] [意见反馈]

代码	名称	最新价	涨跌幅	相关	换手率	流通市值	近1月上榜	近3月上榜	近6月上榜	近一个月涨幅	近三个月涨幅	近六个月涨幅	自选
300618	寒锐钴业	49.48	3.08%	数据 股吧 研报	4.06%	92亿	0次	4次	5次	-28.29%	-36.65%	-25.32%	+自选

每日成交明细　历次上榜后表现　营业部买卖统计　机构买卖统计　数据揭秘　最新公告

2020年02月24日 星期一　2020年02月20日 星期四　2020年02月19日 星期三　2020年02月12日 星期三　2019年12月24日 星期二　2019年08月08日 星期四　2018年11月07日 星期三　2018年10月29日 星期一
2018年10月17日 星期三　2018年08月06日 星期一　2018年07月11日 星期三　2018年03月12日 星期一　2018年02月22日 星期四　2018年01月31日 星期三　2018年01月30日 星期二　更多数据查询

2018-03-12 星期一 类型：涨幅偏离值达7%的证券　收盘价：323.40 元 涨跌幅：10.00% 成交量：475.32万股 成交金额：149722.15万元

买入金额最大的前5名

序号	交易营业部名称		买入金额(万)	占总成交比例	卖出金额(万)	占总成交比例	净额(万)
1	中信建投证券股份有限公司重庆涪陵广场路证券营业部	0次 -	10025.40	6.70%	0.00	0.00%	10025.40
2	中信证券股份有限公司上海分公司	46次 41.30%	4851.00	3.24%	6.46	0.00%	4844.54
3	广发证券股份有限公司郑州农业路营业部	27次 33.33%	4648.22	3.10%	9.47	0.01%	4638.75
4	华泰证券股份有限公司上海静安区威海路证券营业部	14次 50.00%	4071.61	2.72%	0.00	0.00%	4071.61
5	中天证券股份有限公司深圳民田路证券营业部	2次 50.00%	2982.78	1.99%	0.00	0.00%	2982.78

卖出金额最大的前5名

序号	交易营业部名称		买入金额(万)	占总成交比例	卖出金额(万)	占总成交比例	净额(万)
1	民生证券股份有限公司上海漕溪北路证券营业部	1次 0.00%	12.58	0.01%	22596.89	15.09%	-22584.31
2	机构专用	839次 49.94%	0.00	0.00%	3346.93	2.24%	-3346.93
3	申万宏源证券有限公司金华八一北街证券营业部	1次 0.00%	943.72	0.63%	1078.22	0.72%	-134.50
4	招商证券股份有限公司上海娄山关路证券营业部	19次 47.37%	197.69	0.13%	1072.18	0.72%	-874.49
5	国海证券股份有限公司柳州北站路证券营业部	0次 -	0.00	0.00%	1043.94	0.70%	-1043.94
	(买入前5名与卖出前5名)总合计:		27733.00	18.52%	29154.08	19.47%	-1421.08

图 2-15　2018 年寒锐钴业的龙虎榜

6. 上海超短帮，知名游资

东方证券上海浦东新区银城中路、申万宏源证券上海闵行区东川路。资金体量较大，手法彪悍、成功率高，习惯性超短操作，但偶尔锁仓做波段，个股获利空间不错；其开仓个股往往结合市场大环境，再考察个股基本面后重仓出击，如图 2-17 和图 2-18 所示。

7. 杭州帮，知名游资

光大证券杭州庆春路、西南证券杭州庆春东路等。短线游资，手法上擅长波段操作，协同作战，资金体量较大，根据地主要在杭州；对于热点的把握相对敏感，比如近期的独角兽、高送转、科技成长等都有渗入，如图 2-19

和图 2-20 所示。

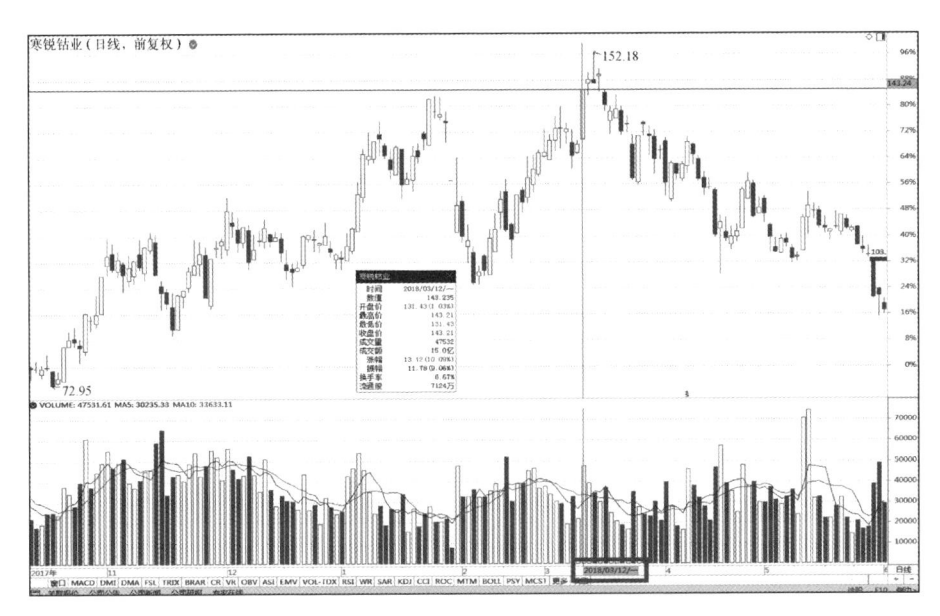

图 2-16　2018 年的寒锐钴业

图 2-17　2018 年中科创达的龙虎榜

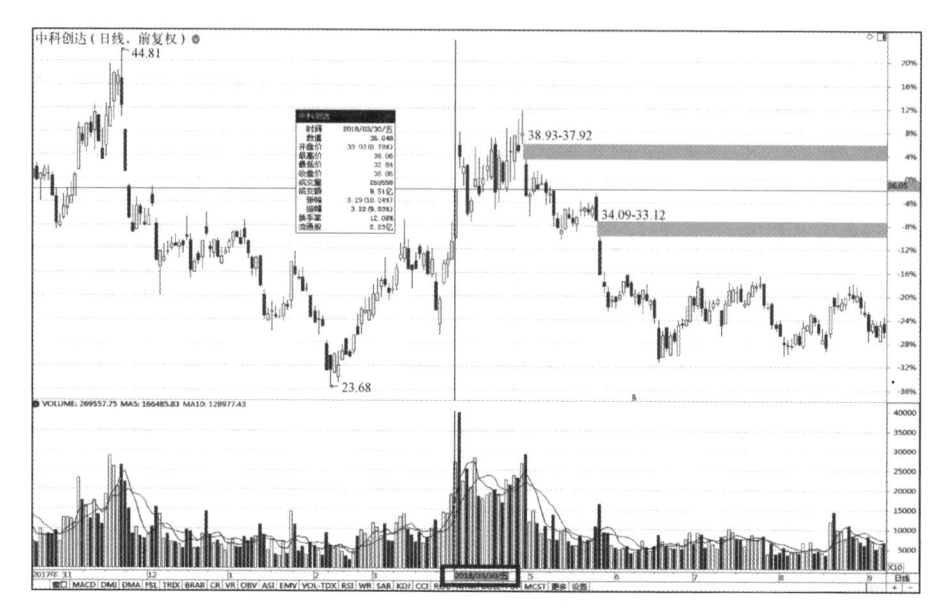

图 2-18 2018 年的中科创达

图 2-19 2018 年梅泰诺的龙虎榜

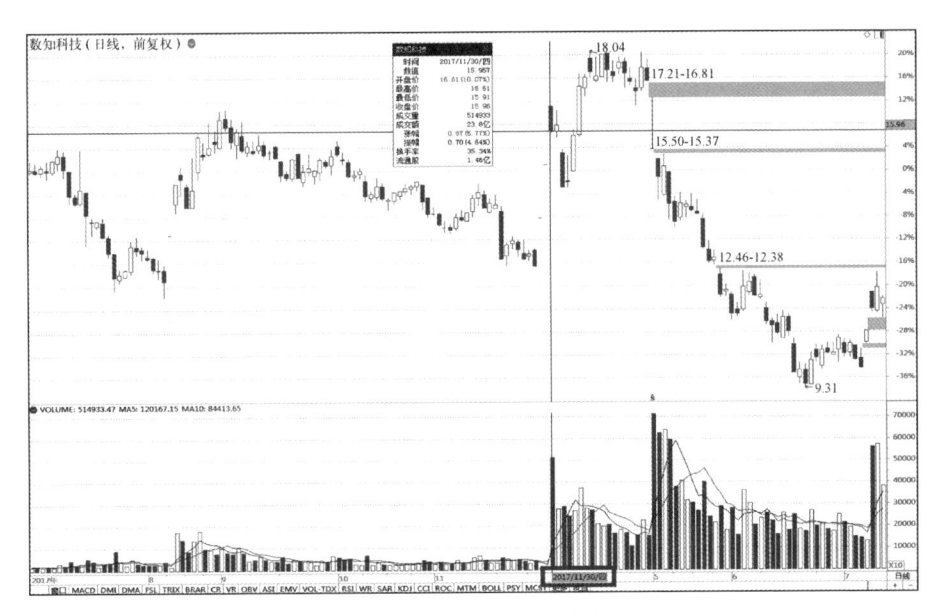

图 2-20 2018 年的梅泰诺

第三节 不变的"上市公司"

其三不变是上市公司,是指所公开发行的股票经过国务院或者国务院授权的证券管理部门批准,在证券交易所上市交易的股份有限公司。我们的上市公司也是极具中国特色,表现出了与世界任何一个国家都不相同的运作模式。

一、基本从不分红

上市公司通过股市收集民众投资的资金用来帮助企业提高企业的素质、扩大再生产的规模、合作开拓经营等来促进社会经济发展。投资人基本只需要承担企业经营失败的风险,一般地,这种投资虽然比起存款银行有风险,但企业总体是盈利的,企业的红利回报远超过银行利息,这样来实现投资者和企业的共赢,因此,这是各市场经济国家人民普遍的投资方式。但是,如果这些上市公司剥夺了投资者的股东权利,连红利也不分或象征性分一点给投资者,投资者就只剩下投机博差价和持有等待经营失败的风险了。投资者被剥夺的权利首先是应有的投资经营获利权,投资者基本上失去了投资回报的财产。老板们拿了投资者的钱做生意亏了是投资者倒霉,但赚了钱时不顾信用而赖账。他们可以将这笔账拖延数十年后才兑现,也可以拖延到永远,可以等这个企业破产清盘时才去兑现,或把账赖掉的手段也是多不胜数的。投资者买的股票结果是变成买了赌博用的筹码了,因为只剩下股票在股市的浮沉中来碰运气,即只有去赌博一条路。我们看到上市公司不分红,宁愿送股票,甚至所谓慷慨得多至10送20,就因为可以拿了股民的钱不须分红给回报。公司给了股票却没有实际负担,股民得到多一倍的股票不是增加一倍的财富,而是在股票上市时除权,每股原本若值10元的变成5元,股民实际上是什么都没有得到。改革开放30年来，平均每年GDP增长9.5%，而大部分公司不分红，这在西方发达国家成熟市场是难以想象的。例如南航，它有一年的利润达到58亿元，但它当时就是不肯分红，其他还有爱建、广钢、比亚迪、TCL、长城汽车、航天通讯等。最近这些年来，A股累计分红2万亿元左右，分到散户、公众投资者手里的不到30%，而近年的融资规模却达到4.5万亿元左右。到2011年，上市5年不分红的公司有400多家，10年来从不分红的极品"铁公鸡有"30多家，真是不可思议。

二、热衷资本运作

在A股的上市公司绝大多数企业都有强烈的资金需求，不论牛市、熊市，都非常渴望从股市拿钱，在这里拿到的钱都比搞实业挣得要快、要多。到2020年6月，我国的上市公司已达到3855家。美国股市100年的时候上市了800家公司，中国股市从1990年到1998年仅8年就上市了800多家。2011年，我国一年发新股240多家，其中有70多家当天跌破发行价，破发率达30%。巴菲特对于A股的评论就更加直截了当：A股市场的成长，竟然不是来自上市公司主营业务的成长，而是靠不断的新股扩容。要知道，近两年A股扩容670家新股，融资了6000亿元！但代价是，市值损失10万亿元。为了发出去IPO，损失是融资的十几倍，挺得不偿失的。

三、估值重回低点

2018年底时，A股市场下跌得很厉害，上证指数已经跌到了2446的点位，沪深股市的总市值跌到了44万亿元左右。这两个数字一看你就知道，这10年间，A股确实很惨淡。上证指数在10年前的2008年7月底，收在2776点，比现在的点位还要高一点。有句话叫作"一夜回到解放前"，现在A股是一夜回到了10年前。那么关于总市值，如果我们以现在的44万亿元去和2008年7月比，市值好像是涨了一点，因为当年是30万亿元。但这个数字和2007年高点的时候相比，还差不少，当年的高点大概在60万亿元左右，所以很难说这 10 年市值有什么上涨。另外一个有趣的数字是 A 股市场的上市公司数目，10 年前的 2008 年 7 月，大概是 1594 家上市公司，现在是多少呢？3855 家。也就是说，现在的 A 股上市公司的数目比 10 年前翻了一倍还多，但是市值却比当时只增长了 50%。也就是说，每个公司的平均估值的水平更加低了。

简而言之，我们的市场构成简单归纳就是一个单边交易制度、不断追涨杀跌的小散及一帮从不分红的上市公司老板。

> 选择一个好的股票犹如大海捞针。如何在茫茫大海中找到一匹黑马，就需要你超凡脱俗、独树一帜的水平。

第三章
何为道论中的"法"——标的选择

故道大，天大，地大，人亦大。域中有四大，而人居其一焉。人法地，地法天，天法道，道法自然。

——《道德经》

老子的"道"是万物的根本，道大、天大、地大、人也大。宇宙间有四大，而人居其中之一。人取法地，地取法天，天取法道，而道纯任自然。这就构成了一个完整的自然体系，同样的道理，若想构建投资体系也是如此，把握住根本的投资之道，再衍生出法和术，环环相扣，方能成体系。

在我们中国股市中，真正拥有自己的投资体系的投资者简直凤毛麟角，在笔者看来，只有达到道、法、术三者兼备，才能称得上是股市投资体系。其中"术"要符合"法"，"法"要基于"道"，"以道御术"方可实现穿越牛熊轮回，立于不败之地。而在这个市场中，我看到从基金经理到散户大多停留在法和术的层面上，甚至绝大多数连法都不沾边，最终的结局就是，一个牛熊轮回就彻底被市场消灭。

第三章 何为道论中的"法"——标的选择

第一节 何为股票中的法

法，是方法、法理、中乘。在市场中，"法"是投资标的的选择，选股首先要弄明白我们中国A股股票的本质。很多人都是先买股票再选股，可能有的人说，这怎么可能呢？在笔者看来，市场中很多投资者，甚至基金经理，都在做这种愚蠢的事。他们先是被股票上涨所诱惑，然后脑子一热就冲进去了，然后，无论是股票上涨还是下跌，他们都开始给自己所持有的股票赋予持有的理由，比如价值被低估了，比如行业龙头应该给予更高的定价，比如今年净利润增长了，股价应该表现等等，这难道不是先买股票后选股吗？这种行为简直可笑至极，为自己投资失败找各种各样的借口，股票上涨了可以找上一千种理由，股票下跌了可以找一千零一种理由，有什么用呢？股票还是实实在在地下跌了，钱亏了，说得再好听也无用。本篇，笔者将颠覆你原来对于中国股票的认识。

先来看我们中国股票的本质。在笔者看来，股票就是一张能让你把一笔钱经过若干时间后合法地换成另一笔钱的凭证。我们的单边市决定了只能做多股票赚钱，我们的上市公司基本不分红决定了买入股票得不到股东应有的回报，只能靠做差价赚钱。说得通俗点，在我国股市赚钱，就是只能在低位买进股票，然后等待股票上涨后卖给别人，这样就形成了一次财富的转移，所以说，来市场的投资者都在做一件事，就是在做差价。这种本质决定了价值投资在中国股市实践中仍为时尚早，很多人认为自己选股是价值投资，或许他说的也没问题，他选的股票确实是高成长的好股票。但在笔者看来，这种业绩优良的绩优股也是属于题材炒作的一种，因为主力编的故事就是价值投资。2016年到2017年，价值投资深入人心，整个市场都在呐喊着买绩优股、买龙头股，这两年确实这类股票上涨非常好，但这阵风刮过后又怎样呢？

我们看到的是老板电器(002508)在 2018 年 2 月 27 日，一个业绩不达预期直接迎来了二级市场连续两个跌停，之后这只股票整年都在下跌之中，从最高的 53 元最低跌到 18.6 元，跌幅之大不亚于那些题材炒作股，如图 3-1 所示。大家可以想想，难道老板电器 2018 年的基本面就和 2016 年、2017 年有什么巨大的变化吗？通过财报，我们知道 2018 年的财务数据仍然是增长向好的状态，但股价却跌得惨不忍睹。

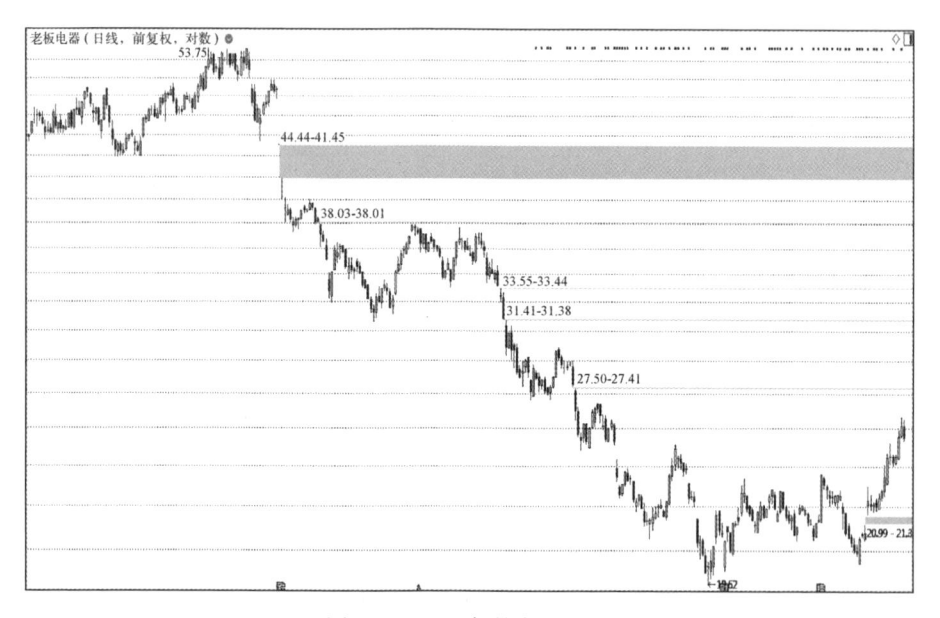

图 3-1　2018 年的老板电器

再举一个例子康得新(002450)，一直以来就是千亿市值的国内新材料龙头。2015 年 8 月，董事长"三年后市值 3000 亿"的豪言壮语还萦绕耳边，然而残酷的事实是：如今市值只剩了 200 亿元。这样的白马如果坚持价值投资，当你知道大股东挪用资金的事实的时候，恐怕已经是几个跌停板之后的事了，闪崩让你连逃脱的机会都没有，如图 3-2 所示。

类似的例子在 2018 年实在是太多了，你可以自己回去看看工商银行、中国平安、海康威视、科大讯飞、冀东装备、安琪酵母、五粮液、青岛海尔……，讲估值的、讲业绩的、讲创新的、讲战略的，最后都回到原点，这

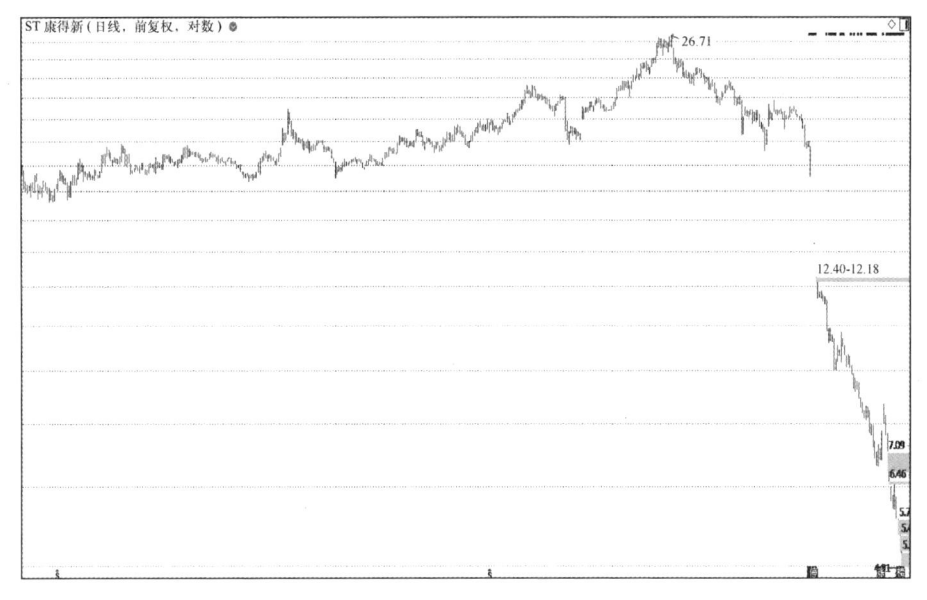

图 3-2　2018 年的康得新

和题材炒作本身就是一回事，题材股往往讲的是未来的故事，比如什么虚拟现实、什么新能源汽车、什么 5G 等。而价值投资不也在讲一个价值低估业绩成长的故事吗？最终的结局不都是将股票拉起来，最后一波人在高位交换了筹码，最终都是怎么上去怎么下来，走一个尘归尘、土归土的结局。其实，价值投资的故事已经不是第一次在 A 股讲了，在这 28 年的股市里一共讲过四次，每次最终的结果都和近两年的结果一样。

我国股市的股票就是一种凭证，一种可以随时兑换钱的凭证，千万不要以为值多少钱，因为这完全就是资金博弈的结果。你说它值 100 元每股它就值，比如 2014 年互联网+诞生了很多百元股，同样的道理，你说它就值 2 块钱，它也就值这么多。看看现在遍地是个位数价钱的股票，只要有人愿意出钱买它，多贵都可以；只要有人愿意卖，你说它多便宜也正确。总结起来，我国的股市只有题材投资，任何赋予题材的目的只有一个，就是能引发投资者的共鸣。

第二节　辩证高低选股法

　　天下皆知美之为美，斯恶已。皆知善之为善，斯不善已。故有无相生，难易相成，长短之相形，高下之相盈也，音声之相和也，先后之相随，恒也。这段《道德经》所言大意是：天下人都知道美之所以为美，那是由于有丑陋的存在。都知道善之所以为善，那是因为有恶的存在。所以有和无互相转化，难和易互相形成，长和短互相显现，高和下互相充实，音与声互相谐和，前和后互相接随，这是永恒的。老子这种辩证的思想在选股中广泛的应用，来股市的任何一位投资都听说过要低买高卖，但何为低？何为高？高和低是相互形成的，没有低就谈不上高。同样的道理，没有高的对比也找不到低；所以，高低一定要以辩证的思想去判断，而且高低又是相互转化的。我们市场中股价的高低位都是不断转变着，而这完全与道家思想相吻合，正所谓，殊途同归，道法归一。那么本篇我们就讲讲道论中的辩证高低选股法。

　　为什么辩证高低选股法适合我们中国股市？对于选股，笔者认为价格决定一切，只找价格在低位的股票，高位就是风险，低位就是机会。中国股市短期不可能港股化，一群从不分红的老板，一群只看明天反弹的小散，加上只做单边交易的市场决定了这一切。想必大家听过太多关于低位买高位卖的说辞，但对于这点，最大的问题在于如何去界定什么是高位或是低位。所谓的高低，都是相对的，因为高点之外还会有新高，低点之后还会有新低。所以在笔者的道论体系里，只有在同一种趋势里才有所谓的高低之分，任何脱离趋势的高低都是无稽之谈，无趋势无高低。总结下来，辩证高低选股法就是要结合趋势看高低，也是道家推崇的"法"要基于"道"的最佳表现。

一、上涨趋势中的高低

上涨趋势是最近一个高点比前一高点高，且最近一个低点比前一低点高。上涨的势中往往又蕴含着下跌和震荡，这就是所谓的道中有道。一波大级别的上涨趋势必定蕴含着小级别涨、跌、横三种趋势，比如日线级别的上涨趋势，在 30 分钟级别一定蕴含着多次的上涨、下跌、震荡走势，无一例外。而这一特性决定了上涨趋势中一定是先出现高位，然后再出现低位。当周线级别出现连续上涨的时候，就把周期调低一个级别到日线，这个时候，在上涨的过程中就会形成由上涨转下跌趋势，而此时的日线高点就已经出现了，随即下跌转震荡趋势来了，此时企稳的位置就会形成日线级别的低点，那么由此而产生的高点与低点的区域就是"高位"。而这在周线级别仍然处于上涨趋势，当周 K 线继续上涨之时，日线级别就会出现突破我们刚定义的高点位置，那么此时这个"高位"区域就转变成了"低位"。这只是列举了一个周线级别上涨找日线高低位的例子，同样的道理你也可以确定某一级别上涨，然后去下一级别找高低位，周期由大到小分别是年线、月线、周线、日线、30 分钟和 5 分钟线。

我们以深康佳 A（000016）为例，周线级别上涨趋势长线对待，日线级别如图 3-3 所示，出现上涨转震荡，高位即是图中黑色框区域。

当出现日线级别突破高位的时候，这个高位就转化为低位，那么如图 3-4 所示，两个红色箭头就出现了绝佳的介入时机。在分时图上会出现青龙吸水的分时买点，打到低位与这个分时超跌买点相配合，当日就可以脱离成本区，获利 4 个点以上，如图 3-5 所示。

二、下跌趋势中的高低

下跌趋势是最近一个高点比前一高点低，且最近一个低点比前一低点低。下跌趋势刚好是上涨趋势的反向，一定是先出现低位，然后再出现高位。当周线呈现下跌趋势时，把周期相应调整到小一级别的日线中，这时在日线级

图 3-3 日线级别的深康佳 A

图 3-4 突破整理的深康佳 A

图3-5 深康佳A的分时图

别出现由下跌转上涨的时候,就会出现日线低点。随即上涨转为震荡,当上涨受阻就会形成日线的高点,那么由此而产生的高点与低点的区域就是"低位"。当周线继续下跌之时,日线就会出现跌破我们刚定义的低点位置,那么此时这个"低位"(区域)就转变成了"高位"。同样的道理你也可以延续到其他周期,确定某一级别下跌,然后去下一级别去找低高位。

我们以中集集团(000039)为例,周线级别下跌趋势短线对待,日线级别如图3-6所示,出现下跌转震荡,低位即是图中黑色框区域。

当出现日线级别跌破低位的时候,这个低位转化为高位,那么三个黑色箭头就出现了绝佳的离场时机,如图3-7所示。这个时候,无论是看到射击之星的K线组合,或是量价背离,或是分时图典型高开出货形态等,都应该在这个位置果断离场,做个反弹止盈为上策。

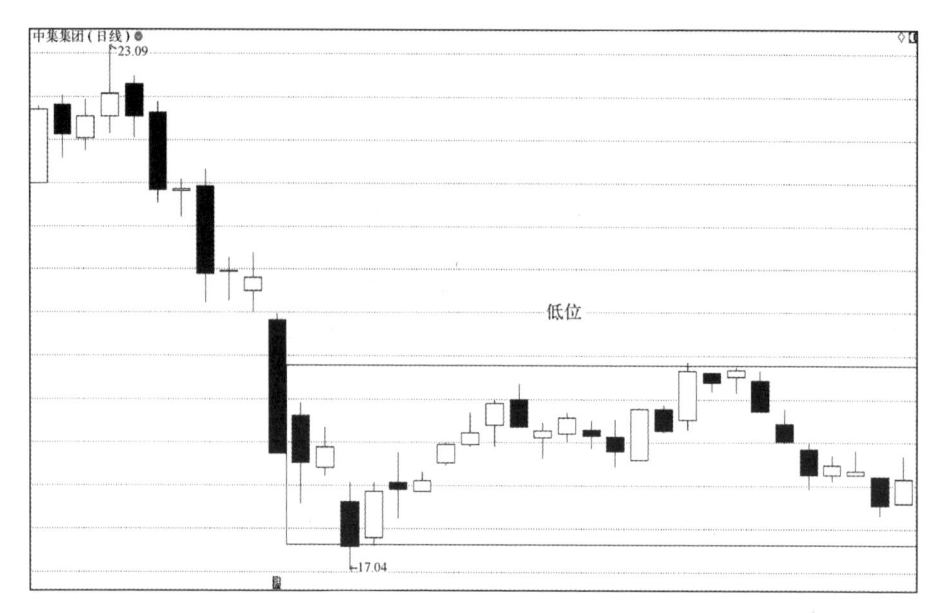

图 3-6　日线级别的中集集团

图 3-7　跌破整理的中集集团

三、震荡趋势中的高低

震荡趋势是最近一个高点比前一高点高，且最近一个低点比前一低点低；或者最近一个高点比前一高点低，且最近一个低点比前一低点高。同样的道理，震荡趋势中也蕴含着涨、跌、横三种趋势，震荡趋势细分可以看作是上涨和下跌的排列组合。而判断震荡市的高位和低位，不需要在其下一个级别去寻找，只需要在本级别去找到上涨中的高点与下跌中的低点即可。值得注意的是，如果出现同一价位多次高点、低点，那么这个高位或者低位的确定性就很高。

我们以福鞍股份（603315）为例，日线级别定位为震荡市中线策略，如图3-8所示。标记出高位为12.78元，低位为10.94元，由此区间震荡，我们的方法采用最基础的K线交易方法，比如金针探底，避雷针形态。那么在低位10.94元出现这种K线就可以介入了。同理，当在高位出现长上影线的避

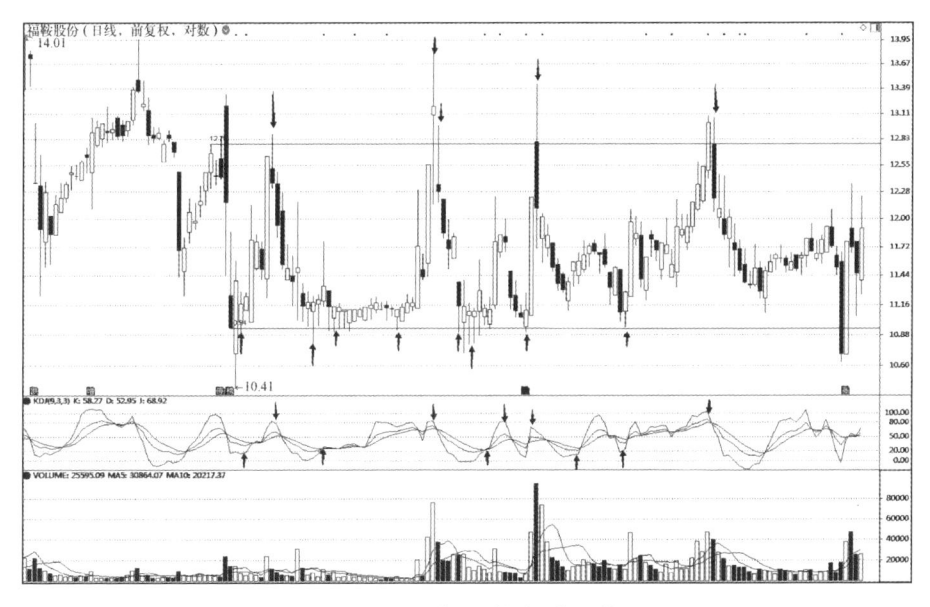

图3-8 日线级别的福鞍股份

道中有道

雷针，就可以离场。也可以用 KDJ(9,3,3) 摆动类指标去判断，低位超跌介入，如 J 值 20 以下，在高位，J 值超买 80 以上卖出。如果你再配合成交量去验证价格，如地量地价、天量天价，那可能买的位置更低或者卖的位置更高。这些都停留在"术"的阶段，无论什么方法你都会发现十分有效。

第三章 何为道论中的"法"——标的选择

第三节 两仪四象选股法

两仪是太极变而产生的阴阳；四象则是两仪变而产生的太阳、太阴、少阴、少阳。这两仪和四象在自然中就是阴阳和产生的春夏秋冬四季，少阳是春、太阳是夏、少阴是秋、太阴是冬。在市场中的"两仪"即是上涨和下跌，阳为上涨，阴为下跌；而股市中的"四象"则是复苏、过热、滞涨、衰退。同样，少阳对应复苏、太阳对应过热、少阴对应滞涨、太阴对应衰退；而这刚好与自然四季变换相符合，体现万事万物、殊途同归、道法归一的本质。

在股市中，无论大盘还是个股必定在这四象中运行着。大家可以发现，股市运行特点是各类股票交替上涨下跌，我们称之为热点轮动或者行情转换。而这个轮动转换规律就在这两仪四象八卦之中，先定大盘所属四象，然后按八卦就可以定个股。我们先来说大盘这四象，如图3-9和图3-10所示。

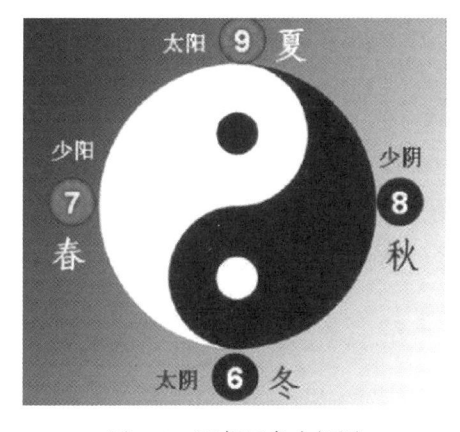

图3-9 两仪四象太极图　　图3-10 两仪四象八卦图

一、少阳阶段

在道家"易"的体系中，下卦被看作是内部，上卦被看成是外部。只有外部的规律出现变化，内部才会因此而产生变化，这就是外部超越了量变后，内部的质变随之出现。少阳上卦为阳，下卦为阴，代表着阳气初生但未能形成质变。在市场中，少阳阶段就是股市的复苏阶段，这个时候表现为股市人气低迷，交易很不活跃。但股市已经止跌企稳，出现缓慢上涨的态势，但上涨力度不够，下跌无力，先知先觉的资金开始逐渐进场的现象。

少阳阶段要选择小盘题材股。要知道，如果将市场比作水流，那么股票就是不同的船。有的是皮艇，有的是军舰，还有的是航母。相应的皮艇就是题材小盘股，军舰就是二线蓝筹中盘股，航母就是一线蓝筹大盘股。当水流充裕时，市场就如同海洋，能撑起所有级别的船航行。但在少阳阶段是资金低迷的时候，市场无力去托起中盘和大盘股的上涨，与之相对应的则是题材小盘股会得到先知先觉资金的追捧。因此，少阳阶段要参与题材小盘股。比如当年的朗玛信息（300288），语音视频公司朗玛信息终于取代贵州茅台，于2014年11月28日成为两市第一高价股。其后多个交易日也未曾停止前进的步伐，12月17日甚至一度摸高至223.88元，如图3-11所示。

二、太阳阶段

太阳上卦为阳，下卦也为阳，比少阳、中阳更进一步。外部的阳量变，致使内部的阴质变成阳。在市场中，太阳阶段就是股市的过热阶段，这是必然的发展趋势。当股市少阳阶段逐渐发展，必然就会形成赚钱效应，那么资金本身就具有逐利性，后知后觉的资金开始进场。随着资金不断涌入必然就会发展为太阳阶段，表现为股价越涨越急，成交量开始持续放大，市场开始燥热，社会各行各业开始跑步进场。

太阳阶段要选择二线蓝筹中盘股，这个时候的特点就是题材小盘股都已经上了天，高高的股价让资金望而却步，大家开始去寻找低价位的投资标的，

图 3-11　2014 年的朗玛信息

但此时的小盘股都已经被先知先觉的资金炒作了一番，留下的基本是中盘股和大盘股。此时正处于加速上涨阶段，那些刚入场的资金或者已经高位止盈小盘股的资金就会形成合力去布局二线蓝筹中盘股，进而开始炒作二线蓝筹股，比如当年的中铁二局（600528），现名为中铁工业。2014 年 12 月中旬，低价的二线蓝筹成为市场的主流，中铁二局被资金疯狂抢筹，短短三个月的时间股价基本上涨 4 倍，如图 3-12 所示。

三、少阴阶段

少阴上卦为阴，下卦为阳，是太阳发展出现的下一阶段，外部已经阳转阴，但未达到内部的阳质变成阴的程度。在市场中，少阴阶段就是股市的滞涨阶段，万事万物盛极必衰是必然规律，当股市赚钱效应将社会上的可以投资于股市的资金都吸干的时候，就是其走向衰落的开始。但趋势一旦形成不是一天两天可以扭转的，此时的股市仍然会在疯狂的情绪下继续

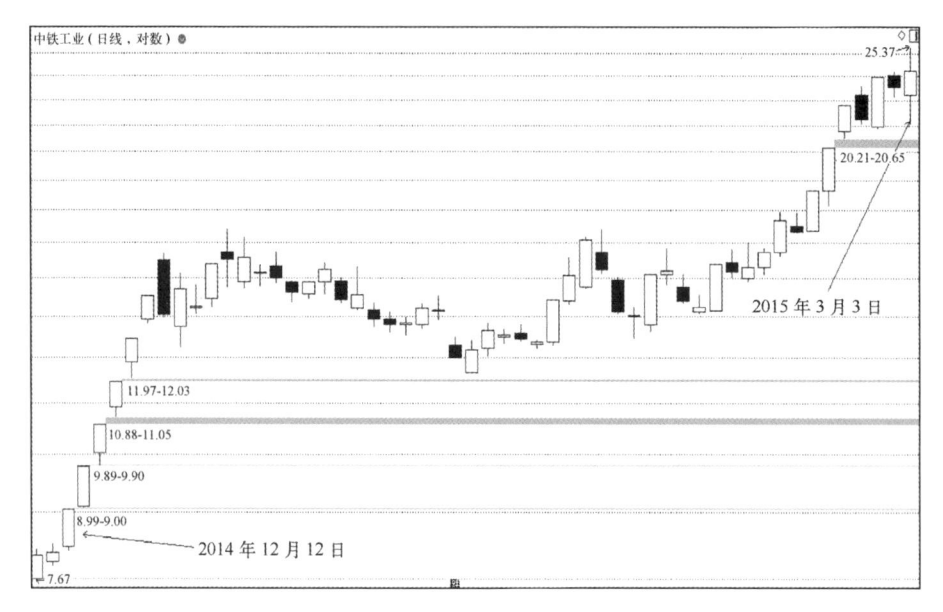

图 3-12　2014 年的中铁工业

推高,但此时的成交量再也跟不上高涨的股价了,市场表现有气但无力,虽然股民呐喊着上千点、上万点,但市场却拿不出更多的钱去推高股价了。

少阴阶段要选择大盘蓝筹股,这个时候市场开始进入滞涨阶段,行情开始完成最后的冲顶动作。这个时候,绝大多数股票已经不再上涨,甚至已经开始了调整,但前期没怎么上涨的大盘蓝筹股担起了冲顶的重任,具体表现为中国石油、中国银行、中国平安等一齐发力,指数仍在上行,但众多股票已经疲软了,而且这些航母级的股票即使在冲顶结束前期,也会充当护盘的角色,参与者一定有机会盈利出逃,如图 3-13 和图 3-14 所示。

四、太阴阶段

太阴上卦为阴,下卦也为阴,是少阴进一步演变的阶段,外部的阴通过量变,致使内部的阳质变为阴。在市场中,太阴阶段就是股市衰退阶段。面对有价无实的股价,总会有人先去捅破那个充满梦幻的泡沫,而这就像多米

图 3-13　2015 年的中国石油

图 3-14　2015 年的中国银行

道中有道

诺骨牌一样传导,亏钱效应逐渐凸显出来;资金避险特性就会使得资金逃离股市,随着资金不断出逃和泡沫的破裂,股市就会连续地下跌,直到跌到最低点企稳为止。而这个时候又会出现道家所言的否极泰来,从太阴再次回到少阳,形成一个完整的循环,在市场中我们称为一次完整的牛熊轮回。

太阴阶段如果说一定要选择股票的话,那么此时就是选价值龙头股的最佳时期。因为市场犹如寒冬来临,无论你是绩优股还是垃圾股,无论你是题材炒作还是价值投资,最终都会泥沙俱下。这个时候因为机构资金仍需配置股票,就会如同一棵冬天里的大树,它的主要养分都会集中在主干中,而那些枝叶都会凋零,这些主干就是价值龙头股。由于机构资金的抱团取暖,会引来更多资金前来抱团,这个时候市场常常会赋予它上涨的理由为"价值投资"。那些龙头股就如古诗中所言:"墙角数枝梅,凌寒独自开",比如贵州茅台、格力电器、中国平安等都是在资本严冬时"凌寒独自开",但要切记的是,这只是一个机构资金抱团取暖的结果,不要认为就会开启十年的慢牛而永不会大跌,如图3-15和图3-16所示。

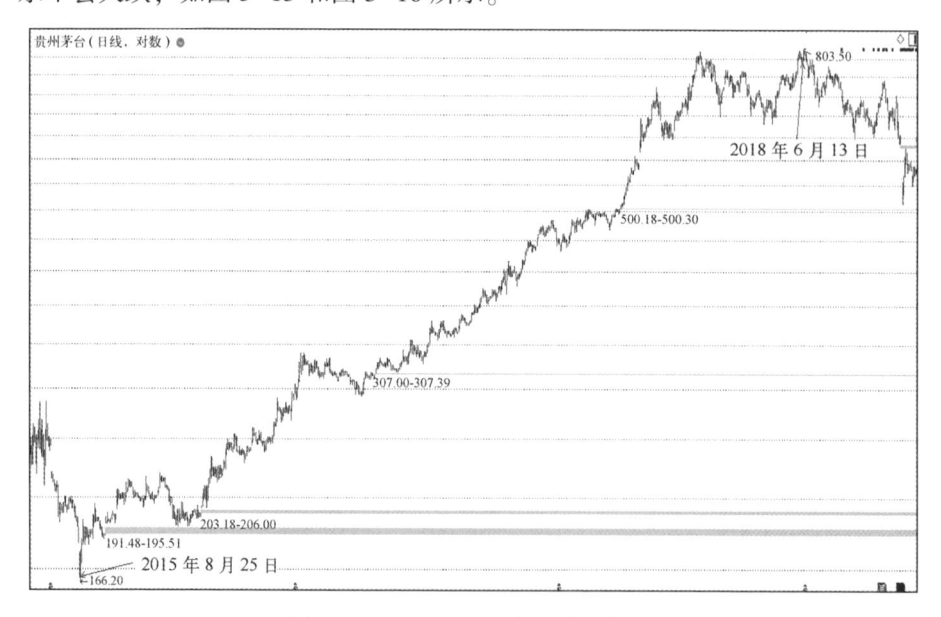

图3-15　2015—2018年的贵州茅台

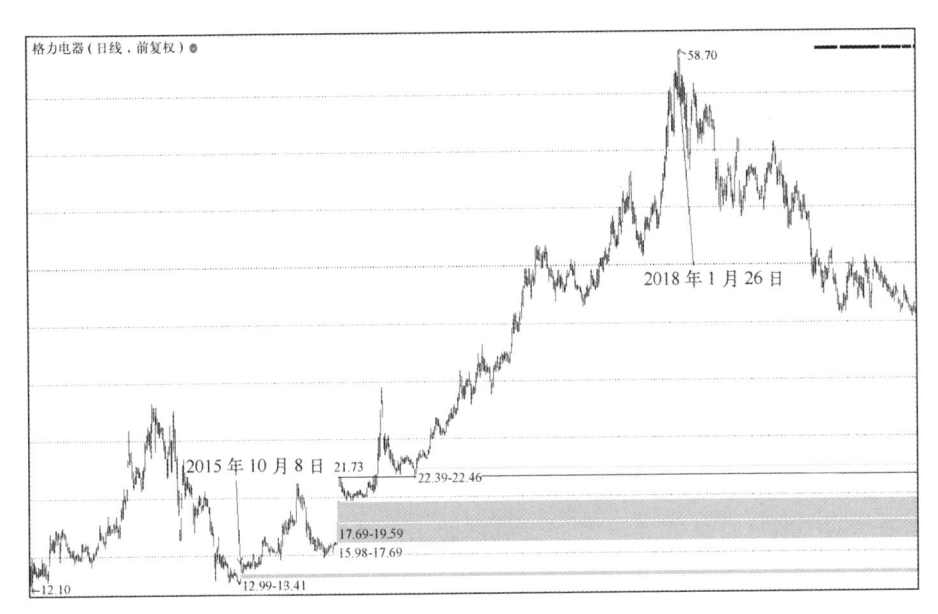

图 3-16　2015—2018 年的格力电器

第四节　道论选股流程

人法地、地法天、天法道、道法自然。老子用了一气贯通的手法，将天、地、人乃至整个宇宙的生命规律精辟地涵括、阐述出来。我们的选股流程亦是如此，就是将大盘、板块、个股这三个环节缕清弄顺，则选取牛股也就水到渠成。

首先还是研判大盘的大势，这个笔者在第三章有过详尽的讲解，这里只作简单的说明。首先要弄清楚你目前是处于市场哪个阶段，是牛市、震荡市还是熊市。只有弄清市场处于什么阶段，才能选择对应的长、中、短策略；只有保证了交易方向的正确性，才能不在股市中迷航。

再者就是选择板块，一定要选择被资金关注的主流板块。这一点十分关键，因为牛市中，主流板块会扛起牛市的大旗成为上涨的主力军。在震荡市中，主流板块会凸显赚钱效应成为市场中唯一走主升浪的明星。在熊市中，主流板块显现出抱团取暖效应，成为市场中安全的避风港。大家都知道独木难支的道理，牛股也是如此，牛股需要主流板块的保驾护航才能走得更远更高，那么，如何确定被资金关注的主流板块成为选择牛股的重要一环。其实，作为机构投资者，最梦寐以求的就是自己的股票处于主流板块，因为这就给股票带来了充沛的流通性，拉升时更容易带来大量的跟风盘，进而达到四两拨千斤的效果。同样，在筹码派发的过程中，再也不用被市场承接的力度不够而烦恼，一旦踩上风口引来游资接力，那真是控盘机构再期望不过的结果。

笔者在此分享一下判断主流板块的一些经验。

（1）主流板块会提前于大盘见低点。这一点很好理解，这就是在其建仓的初期，由于先知先觉的资金开始买入建仓，当股票的需求大于供给的时候，就会使股价提前见底，而这表现在二级市场就是提前于大盘见低点。

（2）大盘创新低，主流板块抗跌拒绝创新低。这一点就是机构资金维护盘面的结果。当股价得到具有话语权的资金认可的时候，股价就会出现强于大盘的走势，这是资金持续维护的结果，表现在二级市场就是大盘开始继续新低，但它抗跌拒绝创新低。

（3）领先于大盘向上突破。往往大盘运行到某个阻力位的时候，会震荡选择方向，此时主流板块便会脱颖而出成为大盘突破的先锋，这个时候已经到了主流板块拉升时机，前期建仓维护的资金开始试探着去点燃市场的做多激情，做多情绪酝酿到一定程度一触即发，终于在某个时间节点，或许是某个技术位的重大突破，或许是某个产品价格的大幅提升，抑或是某个政策利好的出台等等。它可以是成千上万种理由，但它一定是能引起广大投资者共鸣的理由，整个板块就此启动，起初是这个板块一两只股票打到了涨停板，随后热情蔓延，进而出现涨停潮。

（4）主流板块容量足够大。这就保证了板块的联动效应，真正的主流板块情绪会沿着产业链蔓延，还有就是会出现不同梯队的轮番炒作，只有容量足够大才能吸引市场有实力的资金纷纷进场分一杯羹。

（5）事件驱动或催化剂具有持续性。这点直接关系到这个题材能走多远和吸引多少资金进场，一个大的题材可以纵横一年，甚至可以穿越整个牛市。

下面我们就结合市场讲一个2019年的主流板块——5G。我们就从以上五个方面简单给大家举个例子，首先来看大盘见四年市场最低点是在2019年1月4日出现的2440点，而5G板指在2018年10月19日见到953最低点，符合第一点主流模块提前于大盘见低点。大盘从2018年10月19日到2019年1月4日再次创新低，同期5G板指已经开始震荡上行，开始了上升趋势；进而符合第二点大盘创新低，主流板块抗跌拒绝创新低，如图3-17和图3-18所示。

大盘在2019年02月25日走出标志性大阳线突破，而5G板指真正完成突破动作是在2019年02月18日，符合第三点领先于大盘向上突破，如图3-19和图3-20。

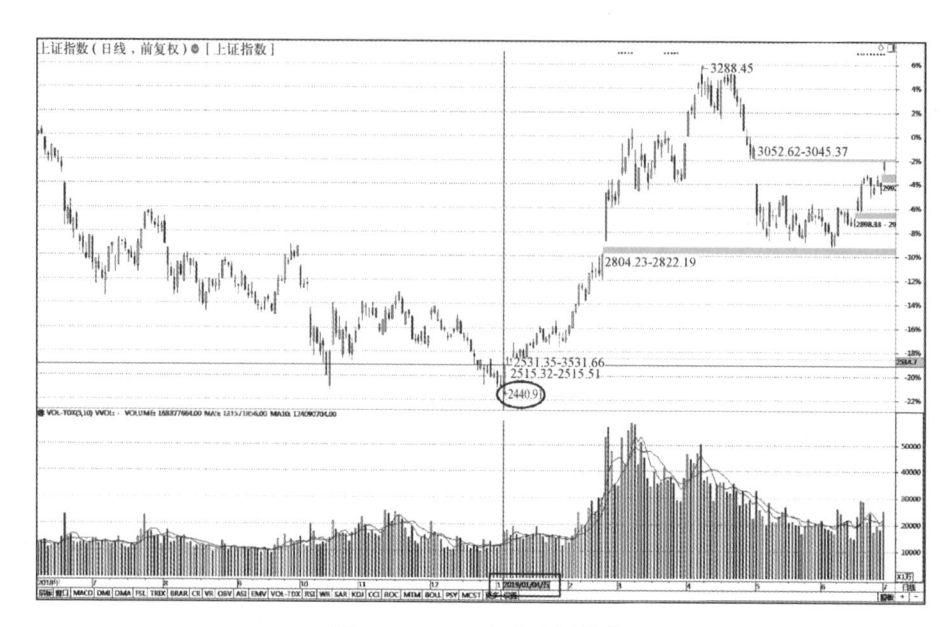

图 3-17　2019 年的上证指数

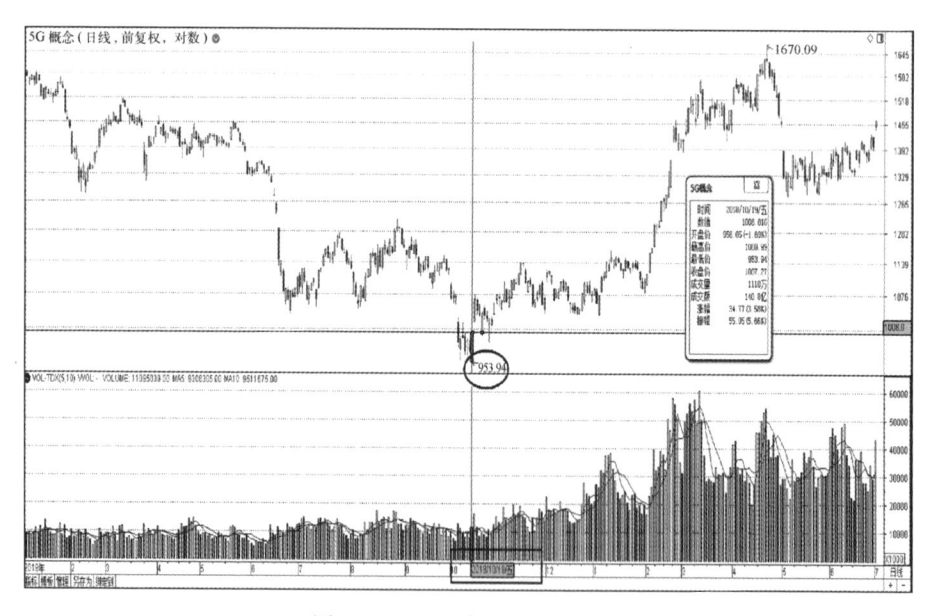

图 3-18　2018 年的 5G 板指数

第三章 何为道论中的"法"——标的选择

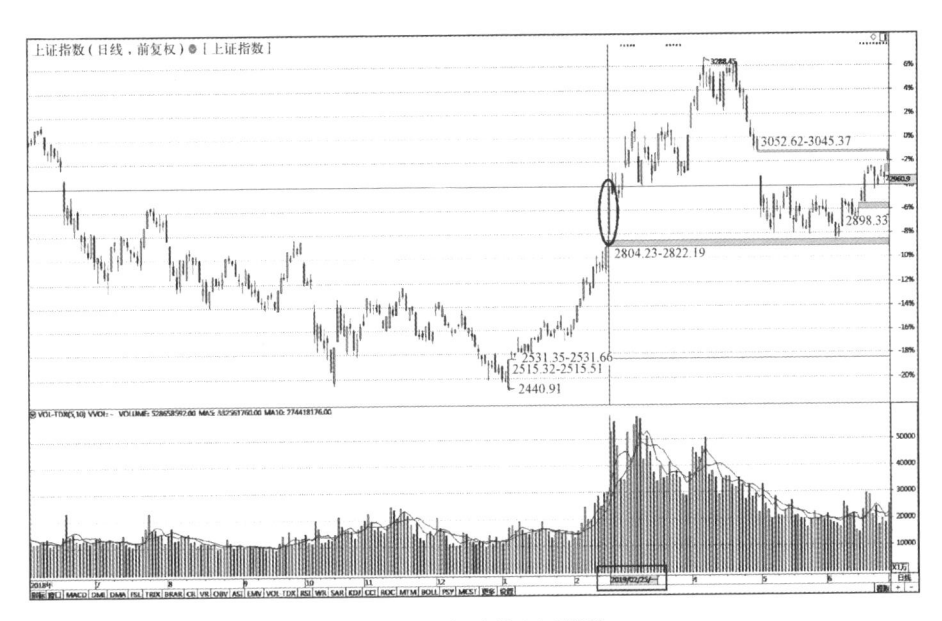

图 3-19 突破的上证指数

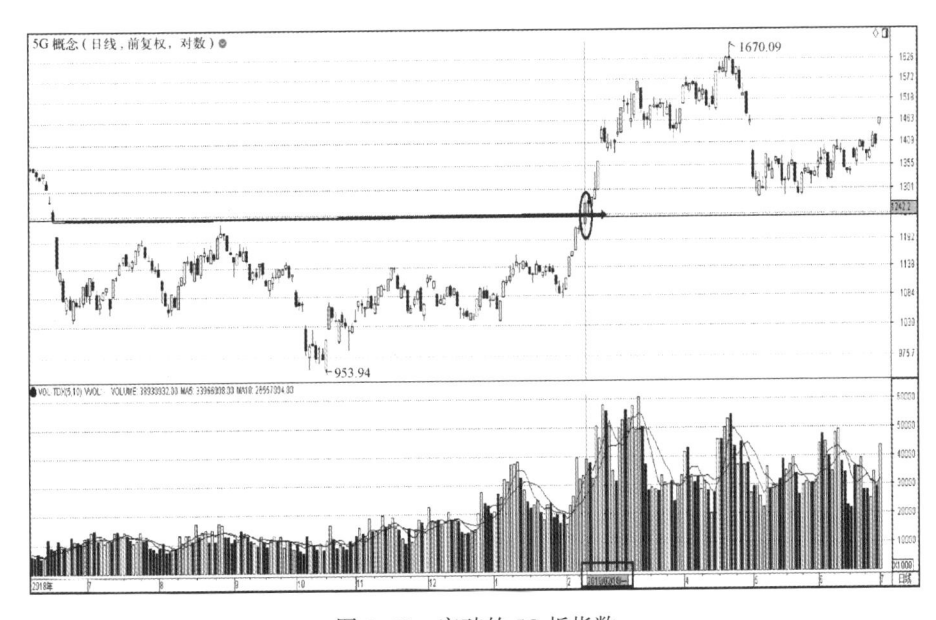

图 3-20 突破的 5G 板指数

另外，5G板块完全具备主流板块容量足够大的特点，当日最高成交额高达840亿，基本占据大盘六分之一的交易量。如此大的容量吸引了公募、私募、游资、散户蜂拥而至，符合第四点。最后，5G建设超预期进展成为其催化剂，5G引导的科技革命更是其内在驱动力，这种题材的持续性非常强，所以就可以看到市场上无论上市公司如何沾上5G的边就被炒作一番，而且出现了板块的联动，成为主流题材。

最后是个股的选择，一定要选择主流板块中最强劲的龙头股。龙头代表的是一轮行情的炒作基调，只要龙头不见顶，板块行情就不会见顶。另外作为龙头，有向市场传递情绪，稳定人心的作用。市场以龙头作为风向标，它总是勇于第一个封板带动其他相关概念板块的上涨，这里可以看看2019年一季度的5G龙头东方通信（600776），这就是龙头的风采，如图3-21所示。

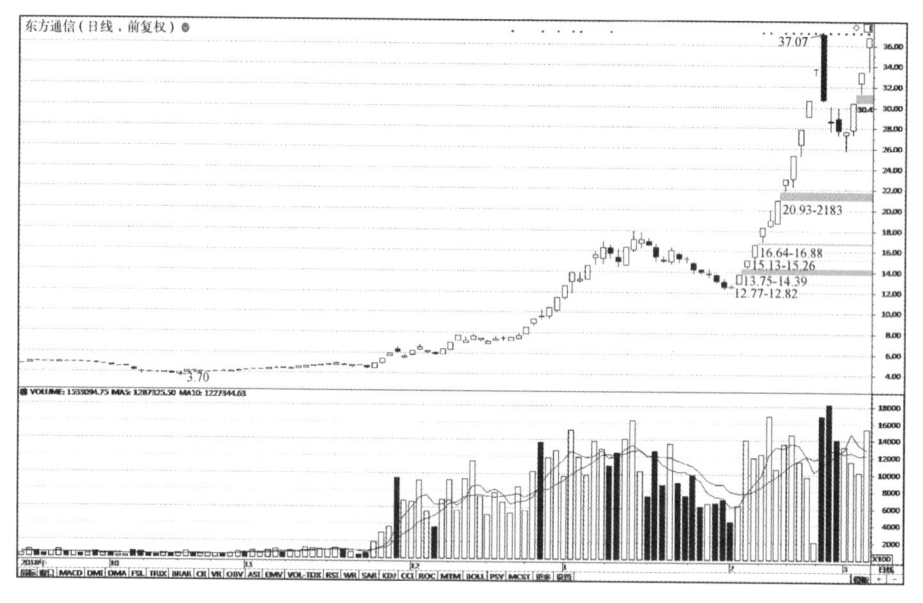

图3-21　2019年的东方通信

> 我国股市的走势和世界其他国家的都不一样。我国股市并没有成为经济的晴雨表,而是走出了自己独特的运行轨迹。如果你按照GDP的发展套用美国股市的规律来操作我国的股票,那么你一定输得很惨。

第四章
何为道论中的"道"——大盘趋势

道生一,一生二,二生三,三生万物。万物负阴而抱阳,冲气以为和。

——《道德经》

《道德经》言"道"是独一无二的，"道"本身包含阴阳二气，阴阳二气相交而形成一种适匀的状态，万物在这种状态中产生。万物背阴而向阳，并且在阴阳二气的互相激荡而成新的和谐体。市场中的"道"就是大盘趋势，同样大盘趋势包含涨和跌，阳为涨，阴为跌，涨跌相交进而形成各样走势。古语有云，"得道者多助，失道者寡助"，在资本市场表现尤其明显。无论你是资金链顶层的做局人，还是底层的小散，一旦大盘趋势看错了，都将蒙受巨大的损失，甚至被市场消灭。不要觉得所谓的主力就不会亏钱，大资金亏起来比小资金更快更凶。因为这些所谓的主力一旦资金变成了股票，趋势预判失误、流通性的限制使得他们卖出十分困难；再加上往往资金又有杠杆，一旦跌起来，将是眼睁睁看着资金化为云烟消散。作为一个职业交易者或是基金经理，如果不懂"道"，那他的灭亡是早晚的事。学习笔者的道论首先就要弄懂"道"，形成不了这个大局观，连炒股票的入门都谈不上。那么本章就从"道"说起。

第四章　何为道论中的"道"——大盘趋势

第一节　大盘的前世今生

从第一张股票出现到沪深两市将近四千只股票，从第一张柜台开张到全国逾万家证券营业部，从小黑板到大屏幕，从柜台交易到电话交易再到网上交易，从股票机到大哥大再到智能手机，如今A股的投资者已达1.44亿人，总市值超过44万亿元，成为世界第二大股票市场。我们的市场从诞生至今，虽然只有二十八个春秋，但走过的是别人的百年之路，上演着太多惊天动地的故事。

一、中国股市萌芽起步阶段(1984年11月至1994年7月)

1984年11月14日，上海飞乐音响股份有限公司公开发行新中国首只股票。国外媒体都来采访飞乐音响董事长秦其斌，问得最多的问题有两个：第一个是，股票是资本主义的东西，你为什么要搞？秦先生就依样画葫芦回答说，对资本主义有用的东西，我们也可以借鉴。第二个是，你的经验能在中国推广吗？秦先生当时的回答真有点不知天高地厚："成不成，就看我们的试点"(图4-1)。

飞乐音响，壹股84年版(老八股之一)
证券代码：600651
票幅规格：120mm×185mm
防伪：暗记、编码
俗称：小飞乐

飞乐音响，壹股89年版(老八股之一)
证券代码：600651
票幅规格：120mm×185mm
防伪：暗记、编码
俗称：小飞乐

图4-1　飞乐音响股票

道中有道

1986年9月26日，新中国第一个证券交易柜台——静安证券业务部开张，标志着新中国从此有了股票交易。当时，只有2只可交易的股票——飞乐音响和延中实业。

1986年11月14日，邓小平接见纽约证券交易所董事长约翰·凡尔霖，向其赠送了一张飞乐音响股票。这是中国证券史上的一个标志性事件，同时也向全世界传递出了一个重要信号，敏感的国际社会迅捷地发出了"中国与股市握手"的惊呼。

1988年12月，深圳万科企业股份有限公司发行股票。短短几年间，全国出现了一大批股份制企业。那时候的王石，还没有登过珠峰，还没有遇上刚刚考入华南理工大学的姚振华。

1990年12月19日，上海证券交易所正式鸣锣开业。上交所开业初期，仅有8家上市公司股票挂牌，俗称"老八股"。当年4月，时任上海市市长朱镕基在访问美国时，突然宣布12月要在上海设立证券交易所，此前毫无先兆。1990年12月1日，深圳证券交易所开始试营业。但直到1991年7月3日，深交所才正式开业。上交所和深交所，谁是新中国第一家证券交易所，成了一桩悬案。深交所属于"先生孩子后领证"，而在上海设立证券交易所显然有着更为特殊的意义。

1992年1月19日，邓小平开始南巡，鼓励股市试验。南方讲话对处于争议中的证券市场发展起到了巨大推动作用，A股出现了第一个大牛市，并在1993年2月达到顶点1558点。

1992年元月开始，上海出现股票认购证。一张30元的认购证有4次摇号抽签机会，中签者可以持证拿钱去指定柜台购买股票。股市开始快速扩张，许多地方掀起"股票热"。

股市催生了大批百万富翁，"杨百万"成为散户投资者的代表性人物之一。事实上，"杨百万"最初的财富积累，是通过国库券异地买卖实现的，后来才投身于股市。

1992年8月5日，深圳市邮局收到了一个约17公斤重的包裹，内有

第四章 何为道论中的"道"——大盘趋势

2000多张身份证,用于申购新股。从8月6日开始,百万申购者云集深圳抢购股票认购证。在连续3天的排队等待后,申请表不到半天全部售完,人们难以置信。因申请表供不应求,组织不严密,部分申购人员采取了游行抗议等过激行为,酿成了沪深交易所成立后第一起群体性事件——"8·10事件"。

"8·10事件"发生后的第二天,时任国务院总理李鹏明确表示,拟成立国务院证券委,组建中国证监会。1992年10月,中国证监会成立,标志着中国资本市场开始纳入全国统一监管框架,全国性市场由此开始发展。

首任证监会主席刘鸿儒上任时表示,"我们的任务是开荒、修路、铺轨道。我们坐在火山口上,大家要有思想准备"。从刘鸿儒到现任的易会满,证监会主席前后有9人,可能是更换比较频繁的正部级岗位。

1994年5月13日上映的影片《股疯》,描绘了1990年代全民炒股的疯狂热潮。主演刘青云,在1992年曾参演以1960—1990年代港股市场为背景的电视剧《大时代》,"丁蟹效应"成为港股魔咒(图4-2)。

以1960—1990年代港股市场为背景的电视剧《大时代》

图4-2 电视剧《大时代》

113

二、中国股市的形成和初步发展阶段(1995年2月至1999年12月)

1995年2月23日，以万国证券为代表的空头与以中经开为代表的多头，对上交所327国债期货合约展开疯狂对赌。当夜，上交所宣布当日最后8分钟交易存在严重违规，判定无效。"327国债事件"直接导致万国证券倒闭，总经理管金生入狱，上交所总经理尉文渊被免职。一个叫陈万宁的交易员，在此事件中亏损7000万元，黯然离开证券市场，几年后以"宁财神"为笔名，写出了火遍天的小说-《武林外传》。

1996年初，中国股市已走熊3年，许多股票跌到极点。随着利好频出，3月开始股市走牛。下半年垃圾股疯涨，没有涨停限制，庄家操纵明显，管理层连续出台12项政策为股市降温，这就是著名的"12道金牌"（图4-3）。

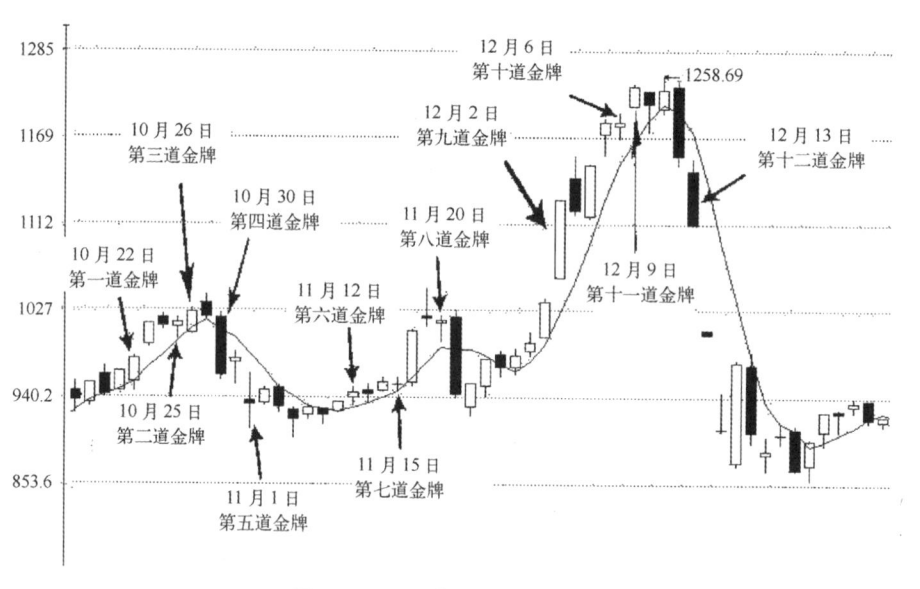

图4-3　1996年的"12道金牌"

1996年12月16日，沪深交易所恢复10%涨跌停板交易制度，并实行公开信息制度。同日，《人民日报》头版刊登特约评论员文章"正确认识当前股票市场"，沪深股市连续两天几乎跌停。

第四章 何为道论中的"道"——大盘趋势

"12道金牌"之后,绩差股开始被抛售,绩优股开始了新一轮行情。这波上涨一直持续到1997年5月,上证综指从1996年底的855点上涨到1510点,涨幅高达76%。

1998年3月27日,南方基金、国泰基金发起设立了国内首批封闭式基金——基金开元、金泰,标志着中国第一批真正意义上的投资基金诞生,这一天也成为公募基金的生日。在人均年收入只有5425元的年代,人们纷纷涌进证券公司,排起长队认购基金。认购冻结了1616亿元资金,但中签率仅有2%,据说当年的场景比淘宝的"双十一"难抢多了。

1998年4月22日,沪深交易所实行"特别处理"制度,随后,辽物资A成为第一家ST公司,ST苏三山成为首家因连续亏损3年而暂停上市的公司。但直到2001年,A股才出现第一家退市公司——PT水仙,自此终结了A股上市公司的不死神话。

1998年12月29日,酝酿5年多的《中华人民共和国证券法》审议通过,并于1999年7月1日起正式实施。这是新中国成立以来第一部按国际惯例,由国家最高立法机构组织而非由政府某个部门组织起草的经济法。

1999年A股初具规模,刚刚经历1998年亚洲金融危机的冲击,估值回到合理区间。5月16日,鼓励资本市场健康发展的六条意见获得了国务院批准。从5月19日至6月30日,A股在31个交易日大涨66%,史称"5·19"行情。

短期大涨之后,《人民日报》6月15日发表特约评论员文章"坚定信心,规范发展",对股市行情延续起到了关键作用。后来,已故时任证监会主席周正庆坦承,该文章正是出自他之手。从1999年5月19日至2001年6月12日,上证指数从1047点涨至2245点,两年的牛市涨幅超过了一倍。

"那时候,谁要跟庄家的关系铁,就立马鸡犬升天。"多数市场人士回忆"5·19"行情时,都提到"庄家"这个让市场爱恨交织的名词。整个1999年最牛的股票是亿安科技,这是一家集万千黑科技于一身的"科技公司",当年涨幅超过400%,股价涨过100元。

三、中国股市进一步规范和发展（2000年至今）

2000年10月8日，证监会发布《开放式证券投资基金试点办法》，揭开了我国开放式基金发展的序幕。2001年9月11日，第一只开放式基金——华安创新证券投资基金诞生。据说，购买第一只开放式基金的队伍，甚至从交通银行排到了工商银行。

2000年10月，《财经》杂志刊登了封面故事——基金黑幕，引起轩然大波。2000年底，证监会对基金公司开展全面检查，结果10家公司中有8家进行过"异常"交易操作行为。基金黑幕这颗"炸弹"的引爆，推动中国基金业走上了法制、规范和稳健发展的轨道。

2001年加入世贸组织之后，中国加快了开放的脚步。2003年7月9日，备受瞩目的QFII（合格的境外机构投资者）正式登陆中国证券市场，瑞银成为首家投资于中国境内市场的QFII。此后十多年间，外资、保险、公募在A股逐渐形成"三足鼎立"的局面，也在很大程度上强化了A股的价值投资理念。"我现在正式下QFII第一单的指令（order）：①宝钢股份；②上港集箱；③外运发展；④中兴通讯。"7月9日上午10：15，随着瑞银投资银行中国证券部主管袁淑琴念出四只股票的名字，QFII在A股投下的第一单完成。

2003年10月28日，《证券投资基金法》在十届全国人大常委会第五次会议上获得通过，并从2004年6月1日起施行，为基金的规范运作提供了法律保障。2013年6月，新《基金法》修订实施。

2004年4月14日，德隆系三驾马车湘火炬A、合金投资、新疆屯河一字跌停。德隆系曾控股多家证券和信托公司，非法融资数百亿，上百亿不能收回。2004年12月17日，德隆系掌舵人唐万新回国被捕。唐万新曾有一句名言，"但凡拿我们生命去赌的，一定是最精彩的"。

2004年5月18日，深交所设立中小企业板。6月25日中小板开板，集体上市的8只股票被称为"新八股"。"新八股"中涨幅第一的是华兰生物，14年间股价涨幅达到29倍。

2005年5月9日，股权分置改革试点正式启动。首批试点公司包括清华同方、金牛能源、紫江企业、三一重工。股权分置改革一度遇到种种反对，时任证监会主席尚福林明确提出：开弓没有回头箭！

股权分置改革，成为2006—2007年大牛市最直接的导火索。2005年6月6日，上证指数在探底998点后开始反弹，随后成就了A股历史上最疯狂的一波大牛市。2005年7月底，顾雏军与多名科龙及格林柯尔高管被警方控制，随后被正式拘捕。2008年，顾雏军因虚假注册、挪用资金等罪一审获判有期徒刑10年。2012年9月，顾雏军在刑满释放后向最高法院提出申诉。2017年12月28日，最高法院公布依法再审三起重大涉产权案件，顾雏军案是其中之一。

2007年初，A股经过2月27日暴跌后又继续上涨，出现全民炒股、储蓄大搬家现象。5月9日，上证指数突破4000点。10月16日，上证指数达到该轮牛市顶点6124.04点。

2007年5月，一首套用歌曲《死了都要爱》翻唱而来的《死了都不卖》的"股票歌"在网上走红，唱出了股市6000多点的盛世华章。

2007年5月30日午夜零点，中央电视台2套《经济新闻联播》播出了一条重磅新闻：证券交易印花税税率由1‰调整为3‰。财政部称此举是为了进一步促进证券市场的健康发展，当时A股正以逼空式的上涨不断改写着各项新纪录。这一天，900多只股票跌停，也是这一天，A股的开户总户数历史性地突破了1亿户。

在"5·30"暴跌行情中，许多个人投资者割肉离场，甚至卖在了最低点。但股指在徘徊了一个多月后，展开了一轮更疯狂的上涨。很多人都相信股票会一直上涨，10000点不是梦……"最终，我们谁也没能逃走"。2007年9—10月，国内首批4只QDII基金先后成立，扬帆出海，结果亏损惨重。10年之后，4只QDII先驱中只有1只基金，终于回本了。可是，人生能有几个十年呢？

2007年11月5日，亚洲最赚钱的公司——中国石油高调登陆A股，以

48.6元的"封顶价"开盘,立即成为"全世界市值第一"的上市公司。所以,世界上第一家突破万亿美元市值的公司不是苹果,而是中国石油。但中国石油上市之后一路下挫,再也没有回到48元。

2008年5月12日,发生汶川大地震。期间出现捐款热潮,捐款上千万的上市公司很多,股民只有赞扬没有抱怨。汶川县城内唯一的证券经营机构——和兴证券汶川服务部搭起帐篷网点(图4-4)。

2008年,汶川地震中的帐篷营业部

图4-4 帐篷营业部

2008年11月19日,中国家电零售业的创始人——黄光裕以操纵股价罪被调查。2010年5月18日,黄光裕因非法经营罪、内幕交易罪、泄露内幕信息罪和单位行贿罪被判处有期徒刑14年。黄光裕的妻子杜鹃,在监狱探望黄光裕时说:"没事儿,老公,你出狱时,我给你一个更好的国美。"

2009年10月30日,创业板开市,首批28只股票齐发,刷新了中国股市多股齐发的历史纪录。"创业板28星"中,上市至今股价表现最好的前三强是爱尔眼科、机器人和网宿科技,表现最差的是金亚科技,上市至今股价跌幅约95%，还面临暂停上市的风险(图4-5)。

2009年10月30日，创业板开市，首批28只股票齐发

图4-5　创业板开市

2010年3月31日，融资融券交易试点启动。4年后，2014年12月19日，两融余额历史性突破1万亿元，A股随之开启了一场波澜壮阔的大牛市。两融资金对市场行情的推动作用是明显的，其增减基本与A股走势正相关。

4月16日，股指期货上市。在后来的2015年A股暴跌中，市场认为暴跌源于股指期货的做空机制。作为救市政策的一环，中金所收紧了股指期货，直到2017年才有所松绑。2018年12月1日，证监会表态称股指期货将恢复常态化交易(图4-6)。

2010年9月6日，基金经理老鼠仓案首次被移送公安机关。因跟踪买卖自己管理基金的白马股，基金经理韩刚被刑拘，开基金经理被刑拘之先河。

2013年8月16日11时05分，上证综指突然猛涨5.96%，50多只权重股均触及涨停。经核查，光大证券自营的策略交易系统存在设计缺陷，连锁

2010年4月16日，股指期货正式启动

图4-6 股指期货启动

触发后生成巨额订单，造成当天市场异动。这是A股市场上迄今为止最大的乌龙事件。

2014年4月10日，中国证监会与香港证监会就开展沪港通试点发布联合公告。证监会指出，沪港通总额度为5500亿元人民币。2014年11月17日，沪港通正式启动。

2015年4月20日，上交所成交量超过万亿，导致系统爆表，显示始终停在10000亿元，创全球交易所有史以来成交最高值。自2014年下半年开始，A股第四轮牛市启动，并在2015年6月12日达到顶点5178点(图4-7)。

面对场外配资动辄四五倍，甚至上十倍的杠杆，管理层开始出手整顿。6月15日，在上证指数创出5178点后的第三天，证监会要求各大券商清理场外配资。一时间，市场资金犹如惊弓之鸟，夺路而逃。2015年6月15日到7月8日，上证综指在17个交易日里大幅下跌32%，造成市场大面积恐慌，股市流动性几近枯竭。随后央行宣布降息降准，7月9日国家资金入场救市。

2015年11月1日，徐翔因涉嫌违法犯罪，被公安机关采取刑事强制措

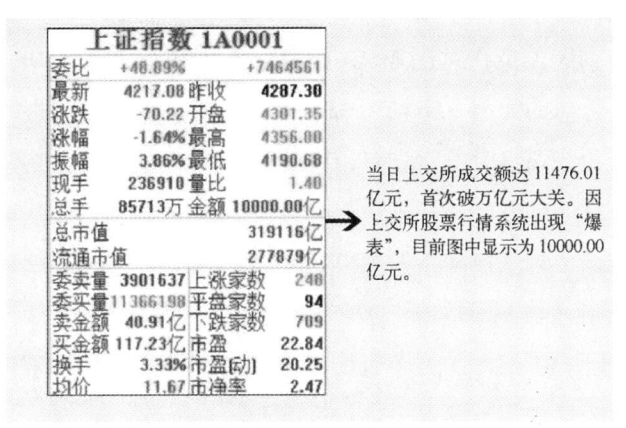

2015年4月20日，上交所成交额超过万亿元，导致系统爆表

图4-7 上交所成交额破万亿元

施。2017年1月23日，因犯操纵证券市场罪，徐翔被判处有期徒刑5年6个月，徐翔、王巍、竺勇的违法所得共计93亿元，依法上缴国库。徐翔，17岁弃学入市，20岁出头即为宁波"涨停板敢死队"成员，2009年底在上海成立私募基金泽熙投资，他参与过重庆啤酒、双汇发展和酒鬼酒的逆市抄底活动，最高身价曾达到40亿。徐翔是中国最受关注也最为神秘的私募人士。他从不在公开场合发声，极少接受媒体采访，更不允许拍照，很多人都是通过其被捕时的照片才见识到他。

2016年1月4日，A股指数熔断机制开启。在1月4日和1月7日，A股在两天时间里经历了四次熔断。1月8日，指数熔断机制暂停。这在一定程度上助推了股市的非正常波动，A股多次上演千股跌停的罕见景象。

2016年A股最好看的戏码，莫过于"宝万之争"。在股市大跌之际，姚振华的宝能系一路买买买，成功拿下万科第一大股东之位。王石高调宣称"不欢迎宝能"，先后引入安邦、恒大。"宝万之争"持续三年之久，最终结果是王石辞职，深铁入主，宝能系彻底退出，其9大资管计划大赚50亿元离场。

2016年12月5日，万众瞩目的深港通正式起航，南下港股通417只股票以及北上深股通881只股票参与交易。沪港通和深港通的陆续开通，进一步推进了国内证券市场的国际化。

  2017年6月，第四次冲击MSCI指数的A股终于闯关成功，这标志着A股开启了走向全球的大门，市场用"成人礼"一词来形容A股入摩。一年后，全球第二大指数公司富时罗素宣布，将A股纳入其全球股票指数体系。

  曾风光一时的创业板明星股乐视网，在2017年数次引发风暴。2017年7月，孙宏斌接棒成为乐视网新任董事长，2018年3月，孙宏斌承认投资乐视网失败。贾跃亭远赴美国造车，回国遥遥无期。2017年11月，恒大同意投资20亿美元收购FF汽车，几个月后双方对簿公堂。此外，乐视网还几乎把半个娱乐圈的明星们拉下了水。

  2018年7月，长生生物假疫苗事件发酵。11月16日深夜，沪深交易所正式发布《上市公司重大违法强制退市实施办法》，同时深交所宣布启动对长生生物重大违法强制退市机制。2018年10月19日，一行两会掌门人喊话稳信心4小时后，国务院副总理刘鹤罕见表态股市，要求各部门敢于承担，快速行动，切实推出一些具体政策，推动股市健康发展。

第四章 何为道论中的"道"——大盘趋势

第二节 政策对股市的影响

上一节讲到中国股市的前世今生，本节通过政策角度来述说股市浮沉。笔者从1996年入市，至今股市发生的每一件事都亲身经历过，那么我们就从1996年讲起吧。

1996年初大盘阴跌至512点，随着利好频出，市场开始转暖反身向上，下半年进入疯涨阶段。这是一场垃圾股的盛宴，由于当时还没有涨跌停板限制，庄家操纵十分明显。为此，管理层采取一系列打压股市措施，共计连续12项政策，才让股市彻底熄火。连续11个打压政策没让股市上涨止步，股市反而连创新高。1996年12月12日大盘创出历史新高，然后出台的第12个打压政策最著名，1996年12月16开始实行10%涨跌停板制度；在此之前股市没有10%涨跌停板制度，这就是著名的"12道金牌"。也是1996年12月16日，《人民日报》刊登了特约评论员的文章"正确认识当前股票市场"；立刻，股市大盘连续4天跌停板，10个交易日从1258点最低跌至855点，所有股票全部连续4天跌停(图4-8)。

1997年在最低点855点盘整2个月后，大盘开始反弹，绩差股开始被抛售，绩优股开始了新一轮上升行情。在深发展、四川长虹的带领下，上证指数从870点一路攀升至当年最高1510点，涨幅高达76%。深成指创出6103点的历史最高点(此高点到2006年年底才被突破)。股民再次赚钱乐翻了天，结果又有一系列政策让股市降温。1997年5月9日，印花税上调升至5‰。1997年5月22日，国务院证券委、人民银行、国家经贸委规定严禁三类企业入市。1997年6月6日，人民银行发出通知：禁止银行资金违规流入股市。1997年6月17日，深发展贺云受到证监会处罚，被认定为"证券市场禁入者"，5年内不得在证券界内任职，其错误是违规动用深发展资金炒作深发展股票。1997年7月1日，香港回归祖国。7月1日休市，7月2日沪市跌4.10%。1997年8月

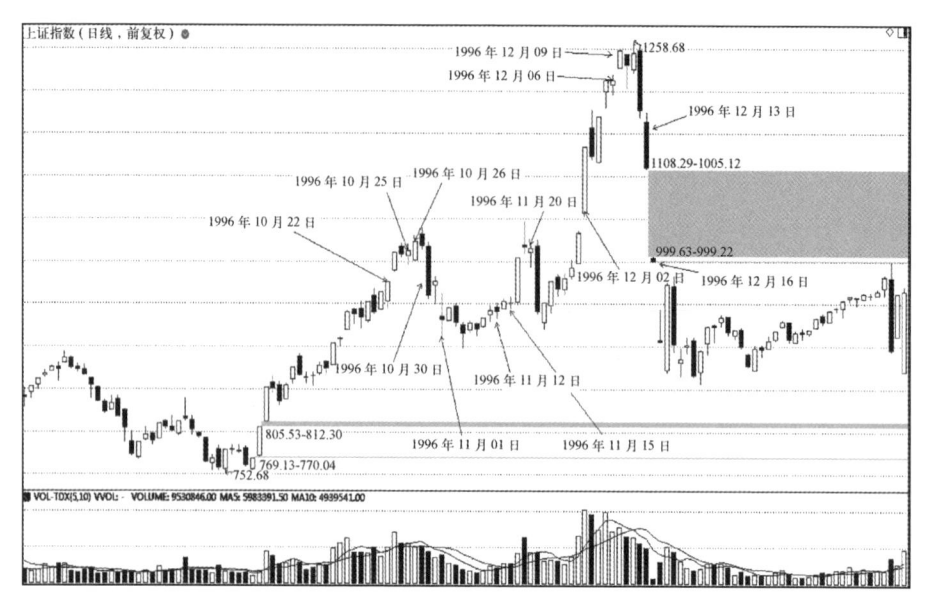

图 4-8　1996年的上证指数

15日，国务院决定：沪深交易所划归中国证监会直接管理。自此，长达两年的熊市开始，直到1999年著名的"5·19"行情爆发，如图4-9所示。

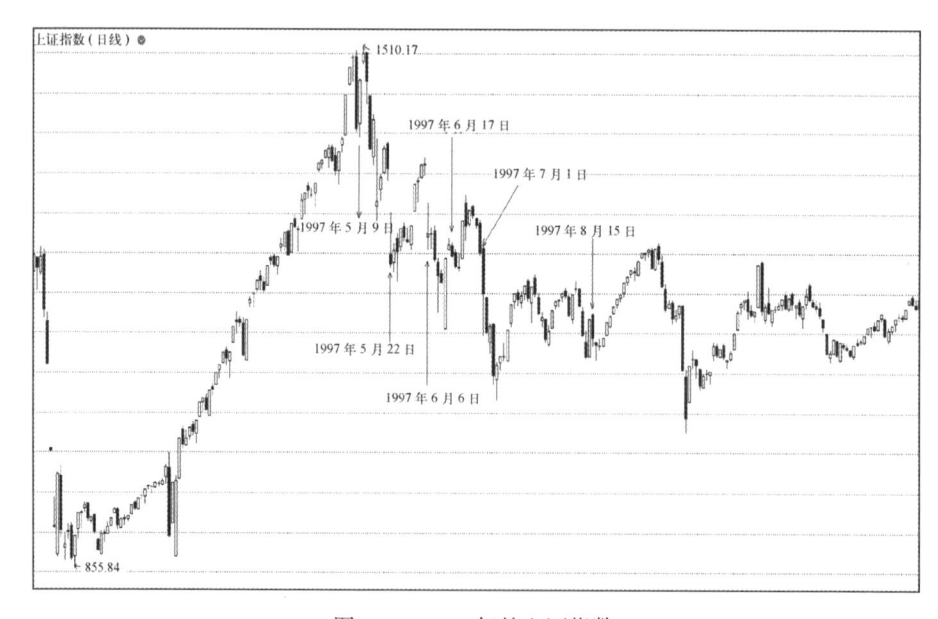

图 4-9　1997年的上证指数

第四章 何为道论中的"道"——大盘趋势

1999年"5·19"行情爆发，刚刚经历了1998年亚洲金融危机的冲击，股市估值回到合理区间。5月16日，鼓励资本市场健康发展的六条意见获得了国务院批准。1999年6月30日创出历史新高1756点，上证指数从1047点直上1756点，涨幅67.72%，深成指涨94.21%，史称"5·19"行情。

1999年7月1日，《证券法》颁布实施，股市再次降温，股市当天应声大跌7.61%，几乎全线跌停。股市开始进入漫漫下跌熊途，12月27日跌到最低点1341点，股票跌得惨不忍睹，如图4-10所示。经过半年暴跌，2000年又开始一轮大牛市行情。2000年暴涨一年，股市创出2000点新高，那时的城市居民都在谈论股票，排队入市。

图4-10 1999年的上证指数

2000年12月4日，中国证监会主席周小川表示：证监会有决心妥善解决国有股不流通问题，这就是著名的国有股减持再次提起。股市应声下跌3个月，2001年3月股市见底恢复上涨，到6月创出2245点历史新高，股民乐开了花。结果是，2001年6月12日，国务院正式发布《减持国有股筹资社会保障资金管理暂行办法》,正式宣布国有股减持开始。股市自此开始暴跌,一路阴跌近5年。期间尽管出台多次政策想挽救股市,但是股市都没有再次提振上涨;所有股票跌成白菜价,几毛钱和一元股票遍地都是,5元以上股票屈指可数,如图4-11所示。

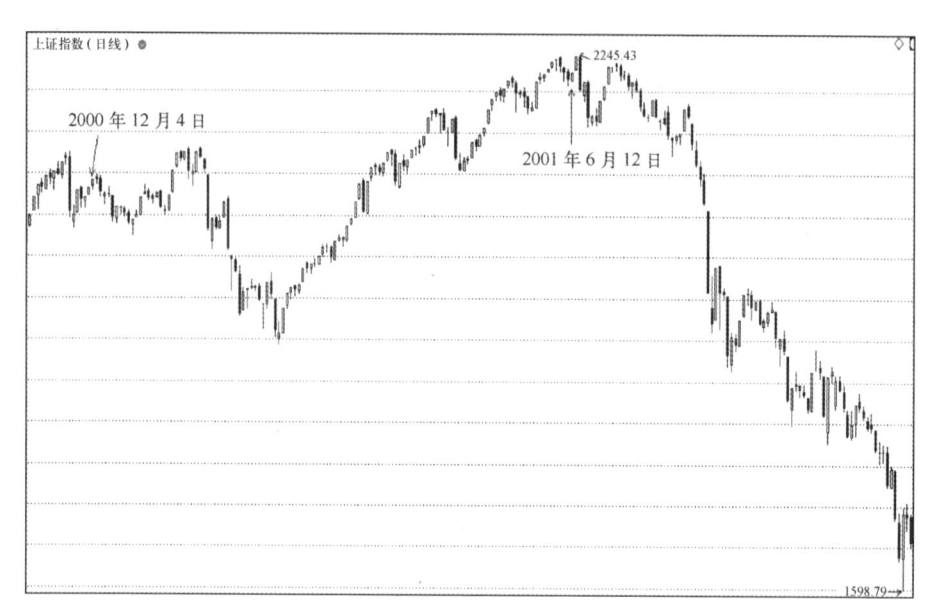

图4-11 2000年的上证指数

2005年6月6日,证监会推出《上市公司回购社会公众股份管理办法(试行)》,上证指数跌破1000点大关,最低见998.23点。这下,所有人都彻底死了心,证监会也发现股市下跌过了头。整个市场一片死寂,无成交量,股票全是1元股,彻底失去了股市的意义。于是证监会出台大量政策恢复股市机能,最终出台《国有股股权分置改革方案》,将国有股赠送一部分给流通股东作为换取全流通条件,股市终于开始反弹。2005年6月10日,三一重工通过股权分置改革方案——每10股送3.5股和8元现金。上证指数暴涨超过8%,如图4-12所示。2006年股市终于见底,当时市场无人炒股,每天大盘成交量在50亿左右,股市彻底失去了意义。这次几年的大熊市让全国人民心有余悸,证监会不再打压,出台大量政策恢复股市机能,最终实施《国有股股权分置改革方案》,股市开始了著名的2006年和2007年暴涨行情。

图4-12 2005年的上证指数

2006年和2007年上半年,股市出现连续上涨。中国出现全民炒股,连农民都知道炒股票赚大钱,居民的银行存款开始大搬家到股市,银行出现排队买基金风潮。证监会又开始实施监管,国家出台政策开始存款准备金率屡次提高,但是也阻挡不了全民从银行提钱转到股市上炒股的疯狂,国家也难挡牛市。2007年5月9日,上证指数突破4000点。5月份国家和证监会开始出台一系列类似1996年12道金牌一样的政策打压股市。2007年5月14日,证监会发布《关于进一步加强投资者教育,强化市场监管有关工作的通知》,提出"买者自负"的原则,表明立场大力打压股市。2007年5月14日,证监会宣布对杭萧钢构的处罚。2007年5月21日,央行出台调控"组合拳",提高利率和准备金率,国家出手配合打压股市。可是这几道打压政策金牌依旧扑不灭股民的热情,股市大盘仍继续上扬。2007年5月30日,财政部29日半夜宣布印花税 30 日起上调为 3‰，股市出现所谓的"5·30"大跌行情，当天上证指数大跌 6.50%。6 月 4 日再大跌 8.26%，连续暴跌 4 天，近半数股票连续 4 天跌停。"5·30"事件的剧烈暴跌反应让政府和证监会慌了手脚，怕全民炒股出现剧烈动荡，开始温和放话挽救股市。"5·30"暴跌 4 天后再次开始上涨，2007 年 10 月 16 日，上证指数见高点 6124.04 点。此时已是全民炒股买基金，中国股民进入疯狂状态。证监会多次开始吹风：股市涨幅过高，股市有风险，投资需谨慎。2007 年 11 月 27 日，中共中央政治局会议提出：防过热，防通胀。这次啥也别说了，大熊市马上接着展开，如图 4-13 所示。

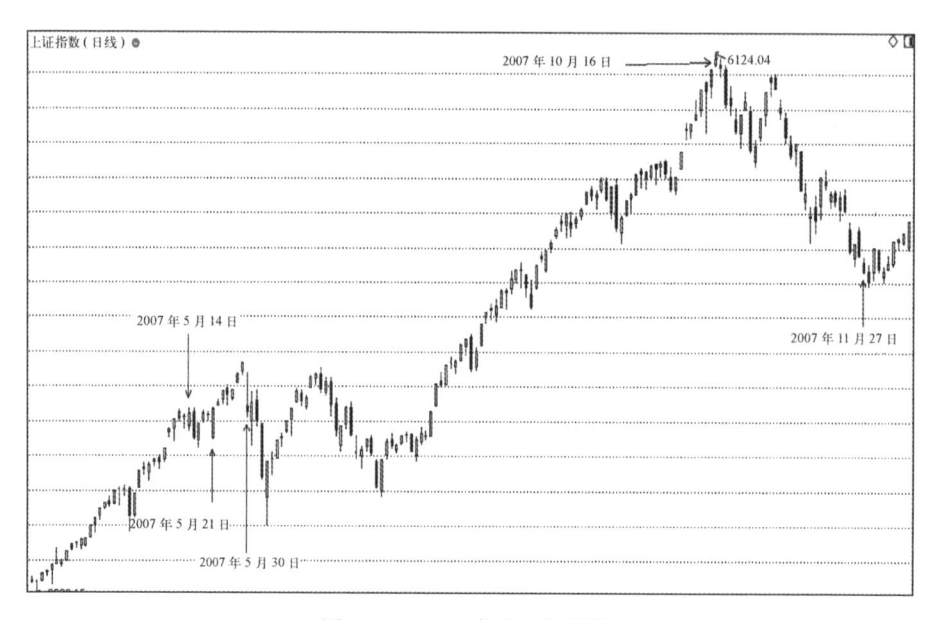

图 4-13　2007 年的上证指数

2008 年 1 月 16 日，存款准备金率上调 0.5 个百分点，股市收跌 2.63%。2008 年 1 月 21 日，中国平安再融资 1600 亿元，中国平安跌停，上证指数暴跌 5.14%，跌破 5000 点，第二天 22 日继续暴跌，收跌 7.22%。所有股票几乎连续 2 天全部跌停，千股跌停满眼凄凉。继续，2008 年 2 月 20

日，市场传出浦发银行再融资计划，当天大盘暴跌2.09%，上证指数从此走出5连阴。3月4日传深发展再融资500亿，深发展跌停；大盘当天暴跌2.32%。接下来3月份连续暴跌，大盘到4月22日跌到2990点，彻底腰斩，跌幅过半，股市惨不忍睹，基本上跌幅70%以上，股民"死伤遍野"，许多账户都成了"僵尸"户。这时证监会和政府感觉跌幅过大，开始救市。2008年4月22日，上证指数大涨4.15%，和"5·30"打压股市一样，只不过是反了过来，变成救市，晚上半夜消息宣布：将印花税从3‰降为1‰。4月24日，上证指数再次大涨9.29%，所有股票全线涨停板！不过，24日当天全线涨停让证监会感觉给的药过猛了，所以，在当天股市大涨9.29%全线涨停后，证监会公布对基金管理公司从业人员唐建、王黎敏"老鼠仓"案处理决定——除没收其违法所得并各处罚款50万元外，还对两人实行市场禁入。这是《基金法》实施以来处罚的第一单，股市开始继续下跌。2008年4月29日，资本市场大事新闻：最成功的资本玩家魏东当着家人面跳楼身亡。股市暴跌50%后刚刚反弹一点，所有股民都挣扎在死亡线上，刚刚燃起一点解套的希望。2008年6月7日周六，政策面发布存款准备金率上调1%，到达17.5%，这是一次最有争议的上调，周末还是端午佳节。6月10日周二开盘，上证指数暴跌7.7%，近千只个股跌停，再掀千股跌停狂潮。6月12日，上证指数再次跌破3000点，然后到9月18日一路不回头，短短3个月跌到1802点。2008年9月16日，人民币贷款基准利率下调0.27个百分点。股市不理睬利好，继续下跌，如图4-14所示。

2008年9月19日，出台重磅政策双响炮：汇金开始回购三大银行股，印花税改为单边征收1‰。股市19日周五应声大涨9.45%，所有股票全线涨停，22日周一再次暴涨7.77%，所有股票几乎连续2日全线涨停。2008年10月22日至27日，A股继续出现疯狂杀跌行情。股市连续暴跌，10月27日再次暴跌6.32%，股票都跌成2元股了，依然再次出现千股跌停狂潮，创下1664点股民记忆犹新的"跳楼"点。2007年，中国全民炒股史最痛苦的2007年最后3个月和2008年暴跌行情，几乎所有股票跌幅高达80%~90%，

图 4-14　2008 年的上证指数

尤其是大盘蓝筹股票好多达到 90% 以上，出现了中国远洋从 68.4 元跌到 2.68 元和中国铝业从 60.6 元跌到 3.01 元。还有著名的中石油，买入的股民至今也看不见解套的希望。在 2008 年，市场最低跌到 1664 点，大部分股民都被套牢之时，四万亿救市开始，连续出台救市政策。2008 年 11 月 11 日，中国政府宣布 4 万亿投资计划，股市自 1664 点见底开始应声上涨，暴涨 7.27%，再掀全线涨停潮。

2008 年 11 月 26 日，再次救市政策公布，银行利率下调 1.08 个百分点。

2008 年 12 月 23 日，继续救市，年内第 5 次降息，降幅 0.27 个百分点。

2009 年春节前后，各种激励和振兴政策出台，A 股不顾国际股市下跌，独立上涨。2009 年 2 月 17 日，上证指数涨到 2402 点。短暂回调后再次上涨，到 2009 年 8 月 4 日，上证指数反弹到 3478 点新高，随后连续多日大跌，月底跌回 2700 点以下，如图 4-15 所示。2009 年这轮行情赚钱容易，只可惜老股民都被严重套牢，新入市的股民在这轮上涨中赚了大钱，都是 2 元 3 元股票涨到 20 元 30 元，几乎所有股票自底部都上涨了几倍以上。但是大盘蓝筹股票除外，套死了大多数 2007 年入市的股民，都是被倡导价值投资忽悠买入大盘蓝筹股票，很多个股至今再也没有涨回当年的最高点，2009 年到 2013 年基本上现在"活着"的股民都知道这个过程。

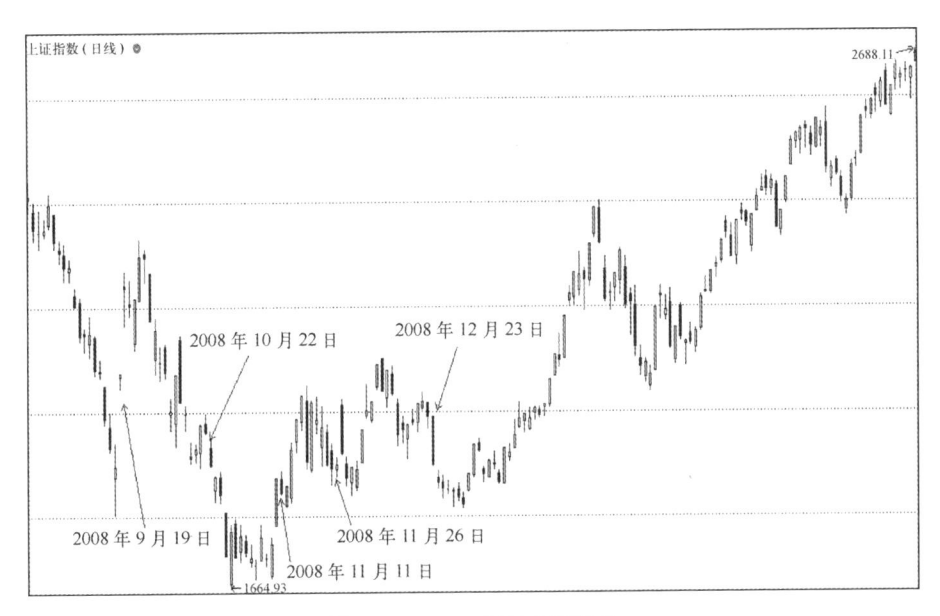

图 4-15 2008 年的上证指数

从 2009 年至 2013 年，同期最抢眼的当属创业板。2009 年 10 月 30 日，股市的浓重一笔，创业板正式开张。28 家创业板股票一起上市，股票高开高走，全天暴涨，涨幅惊人，市盈率高的到达 100 倍，华谊兄弟超过 200 倍。开市后到中午，股票普遍上涨 50%，收市时又大多跌回原位。第一天就疯狂，接下来一个月这 28 只股票一路暴涨，300022 吉峰农机成为龙头，一个月内从 35 涨到 96.5 元，轰动整个市场，创业板一举成名。接下来证监会开始实施监管，发布政策：不满 2 年股龄的新股民严禁开通创业板，通知各个证券营业部尽量不允许开通创业板。在各大官方媒体财经频道每天滚动播出提示创业板风险，出台各项政策打压创业板，彻底冠上妖魔化的招牌，结果创业板随后沉寂了2年。

但随着股市发展，2012年开始，创业板东山再起，牛股辈出。尤其是2013年火爆上演创业板大行情，所有股民都应该深有体会，听从价值投资的话买大盘蓝筹的都套死了，买创业板的都发财了，但是多少股民错过了2012和2013创业板大行情。2013年严禁股民开通创业板，疯狂打压创业板，阻碍了多少股民赚钱和解套的机会。所有股民扪心自问，你们是不是一直都被灌输创业板风险高，不能买创业板，抱着这种思想一直看着创业板涨了一年，白白浪费机会。到年底了，终于下决心不等了，开通创业板，结果又被套了。2013年11月30日周末，历史惊人地相似，证监会出台政策重磅出击创业板：12月2日周一开盘后，创业板彻底服软，惊天暴跌8.26%，356只创业板股票几乎全部跌停，如图4-16所示。

图4-16　2013年的创业板指数

2014年9月夏季达沃斯论坛上李克强总理的讲话，李克强提出，要在960万平方公里土地上掀起"大众创业""草根创业"的新浪潮，形成"万众创新""人人创新"的新势态。此后创业板开始了连续大幅地拉升，截至2015年

5月13日，创业板市场共创造出31家百元高价股。其中，不乏一些近期熟悉的上市公司名字。例如，全通教育、安硕信息、暴风科技等。在此上涨的过程中，监管层开始出台一系列的政策去打压上涨的创业板，期间提出注册制将要实行，设立新三板"分流"炒作资金，被称为"史上最严退市制度"的《关于改革完善并严格实施上市公司退市制度的若干意见》正式实施等，但仍然难以压抑创业板的上涨，最终在2015年6月5日最高涨到4037点(图4-17)。

图4-17　2014年的创业板指数

我们的大盘同期也开始了轰轰烈烈的牛市行情，这轮牛市是监管政策对于上市公司再融资(含并购重组)审批的放松。可以说，本轮牛市是"再融资监管市场化改革的红利"造成的，最终最高点涨到5178点。面对疯狂上涨行情，管理层又开始出手。

中国证监会网站于2015年4月17日发布《中国证监会通报证券公司融资融券业务开展情况》，明确规定："不得以任何形式参与场外股票配资、伞形信托等活动，不得为场外股票配资、伞形信托提供数据端口等服务或便利"。到了2015年5月，沪深市场两融业务规模突破2万亿大关，P2P股票配资、伞形信托以及民间线下配资渠道的累计规模也达到数千亿以上。从2014年7月到2015年5月，仅用10个月时间，A股累计上涨幅度超过120%。有人惊呼，中国股市用了不到一年的时间完成了欧美市场近10年的涨幅。尽管有关方面三令五申，券商不得进行以伞形分仓系统为客户加杠杆，但是在巨大利益面前，这种做法仍然屡禁不止。证监会再度放出大招，加快去杠杆化。2015年5月21日，中国证券业务协会组织了部分券商监管会议，证监会机构部和协会领导对券商参与场外配资业务提出了严格的自查、自纠要求。业内人士认为，这意味着与该券商合作的恒生HOMS系统配资客户周一必须强行平仓，周二接口权限将被收回。同时，证监会重点打击迎合市场热点，编题材讲故事以虚假内容编造题材炒作，利用信息优势，多个主体或机构联合操纵股价，以市值管理名义内外联手操纵股价等六类市场操纵行为。最终这轮牛市于2015年6月15宣告结束(图4-18)。

图4-18 2015年的上证指数

第四章 何为道论中的"道"——大盘趋势

我国的股市又开始了连续大幅度的杀跌，半个月时间大盘杀跌近1800点，这下管理层开始担心产生金融系统性风险。2015年6月27日5178点牛市触顶，A股雪崩式下挫，央行在2015年6月27日宣布定向降准并下调存贷款基准利率，七年来首次双降。虽然央行降准早有预期，可选择的时点在A股暴跌之后，仍被视为拉开了救市的序幕。2015年7月1日A股连续大级别调整，千股跌停景象频现，监管层强调场内两融风险可控，发布《证券公司融资融券业务管理办法》，不再限定130%强制平仓线，由券商自行决定。2015年6月30日，国泰君安等券商率先调整，上调160家沪深300蓝筹股的折算率，并相应下调融资保证金比例。2015年7月3日上证指数短期暴跌千点，2.5万亿市值蒸发。证金公司宣布增资扩股，注册资本由240亿元扩充至1000亿元，此后央行表态为其提供流动性支持。证监会号召21家券商在6月底以净资产的15%出资、不低于1200亿元用于购买蓝筹ETF。后来扩大到50家券商，第二批维稳资金超1000亿元，按净资产的20%与证金公司进行收益互换，由证金公司设立专户进行统一运作。

2015年7月4日多重利好下股市仍跌势不止，管理层重拳出击。救市升级，国务院召集一行三会、财政部、国资委和主要央企负责人，召开紧急会议商讨应对策略，决定暂停IPO。当时涉及暂停的IPO项目共计28个，其中已申购但未上市的10个首发项目全部退款。2015年7月5日救市火力全开，周末连发大招。证监会在要求券商出资救市的同时，还要求券商自营盘在4500点以下不减仓。社保基金理事会通知，全部社保账户只能买入不能卖出股票，国资委要求央企不得减持控股上市公司股票。2015年7月6日A股剧震，千只股票从开盘涨停到收盘跌停。面对众多政策利好，市场信心仍缺失的情况下，中金所为进一步限制过度高频交易，对中证500指数期货客户日内单向开仓交易量限制为1200手，后来又将中证500指数空单保证金比例提高至20%。同时，证监会称将严惩恶意做空、利用股指期货进行跨期现市场操纵等违法行为。2015年7月9日A股绝地反弹，没停牌的个股几乎全部涨停。证监会连发两文，明确支持上市公司控股股东、持股5%以上股东及董事、监事、高级管理人员通过增持上市公司股份方式稳定股价。同时，要求上市公司大股东及董事、监事、高管人员在6个月内不得通过二级市场减持本公司股票。允许近期减持过股票的产业资本通过证券公司、基金公司定向资管等方式立即在二级市场增持本公司股票，所购股票6个月内不得减持。2015年9月7日股灾平复期，救市进行时。受股灾连续断崖式下跌的警示，上交所、深交所、中金所在2015年9月7日联合发布《关于就指数熔断相关规定公开征求意见的通知》。沪深300指数设置5%、7%两档指数熔断阈值，涨跌都熔断。触发5%，暂停交易15分钟；触发7%，全天暂停交易（图4-19）。

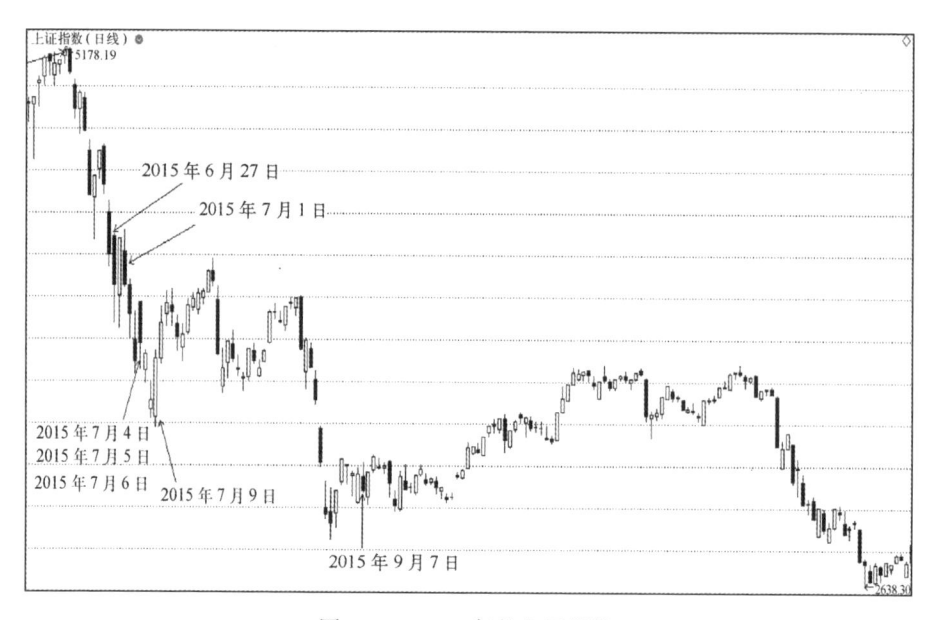

图4-19　2015年的上证指数

经常有人说我国的股市是一个政策市。诚然，政策的出台确实影响了我国股市的走势，但笔者认为政策解读只作为判断行情的参考作用。如果将股市的上涨和下跌比作一辆飞驰的汽车，那么政策的干预往往是点刹车，车子不会因为点了几脚刹车就立刻停下来。透过政策看股市一定要有一个辩证的思维，市场上涨气势如虹的时候，一个"降温"政策的出台会形成短期绝佳介入低点，如"5·30"后的机会等；市场一路熊途的时候，一个"升温"政策的出台会形成短期反弹的高点。如果你没有区分大盘所属的状态，见利好就进，利空就出，那最终将被市场打得伤痕累累，巨额亏损。

第三节　通过经济周期看中国股市浮沉

教科书上说，股市是经济的晴雨表，而这在我们目前的中国股市就像一个童话故事。现实远没有童话中那样美好，股市的繁荣和萧条，不但不能反映中国经济的走向，有时候还刚好相反，经济增长强劲，股市跌跌不休。

我们先来说说教科书是怎么教我们的。股市是经济的"晴雨表"，经济周期是由经济运行内在矛盾引发的经济波动，是不以人的意志为转移的客观规律。股市直接受经济运行状况的影响，必然也会呈现一种周期性规律的波动。经济衰退时，股市行情随之疲软下跌；经济复苏繁荣时，股价也会上升或呈现坚挺的上涨走势。这个如果用在美股上还真是有道理，道琼斯工业指数涨跌幅与GDP增速确实呈现了很强的正相关性，且道琼斯工业指数的变动要领先于GDP的变动，一般来说股票市场较GDP提前一年。若股票市场下行，GDP也会下行，二者波动类似，股市确实可以体现经济"晴雨表"的功能，如图4-20所示。

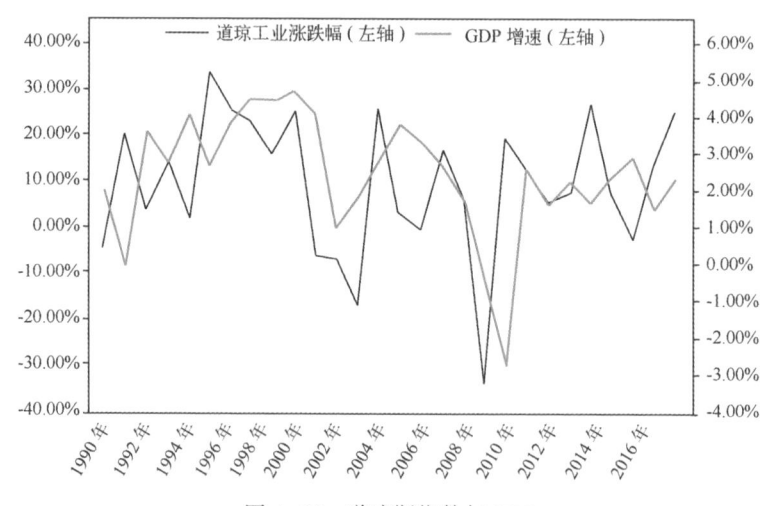

图4-20　道琼斯指数与GDP

第四章 何为道论中的"道"——大盘趋势

但这个理论一旦你用在了我国的股市，那就是真成了纸上谈兵的赵括了，绝对早就被这个市场彻底消灭了。请看图 4-21，我们大盘的年线图，每根年 K 线旁标注的是 GDP 增速值，从图中可以清楚地看出我们 GDP 增速与股价的关系。我们可以看到 1994 年我们的 GDP 增速为 13.05%，而我们的大盘从最高 1052 点跌到最低 325 点，跌幅达 69.1%；1995 年大盘继续下跌，跌幅达 14.29%，而同期的 GDP 增速为 10.95%。2001 年到 2005 年我们大盘连续杀跌 5 年之久，大盘平均跌幅都在百分之 10 以上，而我们的 GDP 增速依然十分喜人，最低都在 8.34%，最高可以到 11.4%。我国的 GDP 从 2007 年的 26.58 万亿元到 2012 年的 51.94 万亿元，增长了 195.4%，但中国的股市却从 2007 年的最高 6124 点滑落到 2012 年 1999.48 点，降到了原来的 32%。那几年中国经济和西方相比，一直是世界公认的最具活力的经济体；特别是 2008 年以后的三年半，各国称中国的经济是"一枝独秀"，但中国股市却一塌糊涂。2014 年至 2015 年上半年，GDP 增速落在 7% 左右的新常态，而股市却大涨；2015 年三季度公布的最新 GDP 增速为 6.9%，增速仅回落了 0.1%，但股市却从 5178 点跌至今时反弹后的 3400 点左右，减幅达 34.34%（图 4-21）。

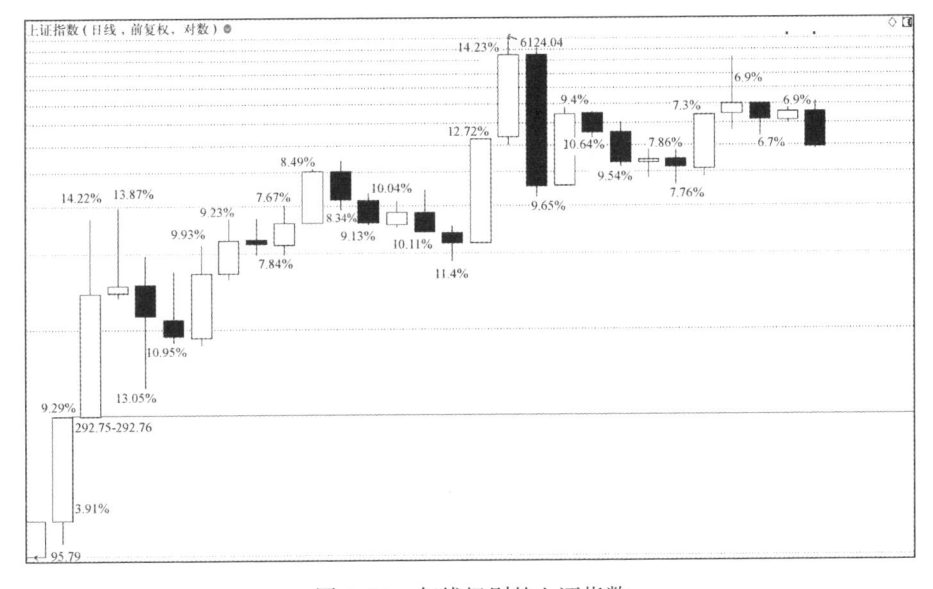

图 4-21　年线级别的上证指数

最终发现我国的股市一直在按着自己的规律运行着，不是经济的"晴雨表"，甚至可以说经济对于股市影响十分有限。1992年，股市从1500点跌到400多点。当时宏观经济情况其实很好，小平南巡后，百废待兴，各省都在"南方讲话"的鼓舞下，大干快上，股市却在大量新股压迫下急速下跌惨不忍睹。1999年5月19日，股市从1050点飞快地向1700~2245点涨去，迅速出现了罕见的大牛市。当时经济其实并不好，亚洲金融危机的杀伤力还很大，对中国影响不小。在这种情况下中国股市却大牛起来，先冲到1700多点。2014年10月，中国股市从1800点向5100点冲击的大牛市更是与实体经济基本无关。实体经济的各行各业都萧条，几千万家企业、很多公司处于亏损及微利状态，而且这种下行趋势几个月不变。但是，股市一度大涨起来，且成交量多次放出天量。这次牛市与实体经济无关，甚至相反，与融资配资放大的关系极大。

为什么很多搞经济分析的基金经理的产品净值十分难看，甚至一度清盘？为什么那些天天看财经新闻关注宏观经济变化的投资者被深度套牢？理由很简单，我们的市场与经济相关性并不大，你若执念于经济分析去炒股票，很容易就成为股市的赵括，那么究竟如何去判断我们大盘的走向和趋势呢？这个将在下一篇为大家诉说原委。

第四节 通过救市看中国股市浮沉

我国的股市一直以来就是以暴涨暴跌闻名于世，每每暴跌的时候，我们的管理层就会推出利好救市。尤其是经历了2018年一整年的杀跌，我们看到的是证监会主席再次换帅，利好从2018年10月中旬一个接一个地发，很多人都想知道作用究竟有多大呢？其实"救市"对于股市老人来说早就司空见惯了，我们不妨回想一下前期有影响力的利好救市，对于我们的市场作用如何。

2015年7月8日的救市大家一定记忆犹新，当时大盘从最高点5178点快速杀跌到3421点，整个市场陷入极度的恐慌中，管理层重拳救市，一天推出七大利好，七部委齐上阵力挺A股。第二天大盘应声大涨5.76%，共计震荡上行12个交易日，涨幅15%以内。随即一头栽下来，略微反弹后又开始断崖式地杀跌下去，头都不回，如图4-22所示。

图4-22　2015年的上证指数

2008年9月19日的救市应该是A股历史上力度最大的一次，当时股市的惨烈程度空前，从最高点6124点一路杀跌，经过两次的腰斩一直杀到1802点。管理层看市场似乎跌过了头，就在这一天发布股市三大利好：①印花税的双向征收改为卖出方单边征收。②中央汇金公司将在二级市场自主购入工行、中行、建行的股票。③国资委鼓励国企大股东回购公司股票。这三个重磅利好的出台，当天大盘直接被刺激冲击涨停，震荡上涨了6个交易日，共计涨幅20%以内。随后又开始掉头向下，而且直接跌破前期低点1802点，创出历史新低1664点，如图4-23所示。

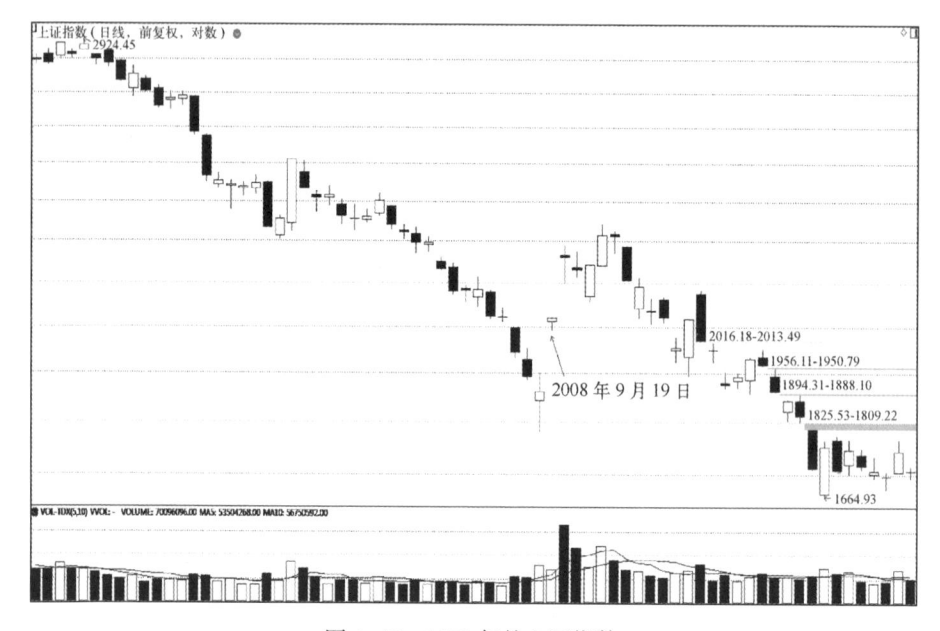

图4-23 2008年的上证指数

2008年4月23日晚间的一次救市被称为"老乡别走"。当时大盘刚好从6124最高点腰斩到3000点的时候，晚间突然降低印花税救市政策出台，降低股票交易印花税税率，由现行的3‰调整为1‰，这下子大盘来了劲头。第二天直接以涨停开盘，震荡上行7个交易日，涨幅25%以内。之后发生的事大家都知道了，大盘急转直下腰斩之后还有腰斩，新低之后仍有新低，如图 4-24 所示。

图 4-24　2008 年的上证指数

2002 年 6 月 24 日的救市绝对是最坚决的一次，面对风雨凄凄的中国股市，管理层直接在这一天出台了停止减持国有股等一揽子利好政策。这个重磅救市政策直接刺激了二级市场，沪深两市出现井喷式的上涨，当天大盘上涨 9.25%，而接下来高位震荡 11 个交易日，开始连续不间断的下跌，直接跌穿了当时救市的最低点，如图 4-25 所示。

类似救市的例子比比皆是，凡是股市下跌比较惨烈的时候，管理层就会出台救市政策，笔者列举的是几次力度最大的救市。大家可以看到，我国股市并没有随着救市政策的出台而见底上涨，事实上，救市政策的出台只是短期刺激了股价的上涨，而这根本没有改变股市运行的大趋势。这种短暂的刺激只会形成反弹而不会形成反转，我们中国股市一直按着自己特有的规律运行着。

图 4-25　2002 年的上证指数

第五节　中国股市与世界成熟股市的区别及联系

中国股市藏满了中国奥妙：很多人认为中国股市看不懂，就像一些外国人感觉中国很神秘莫测一样。很多人看不懂它，读懂中国股市为什么这么难呢？

中国股市自诞生之日起，就是以美国为师的。尽管中国的上市公司越来越多，机构投资者的块头越来越大，股民的专业程度也越来越高，但市场格局并未发生改变。

成熟市场的大型投行担当着引导市场行为的特殊作用，监管者无须直接插手新股发行的价格、规模和节奏；而在中国，这样举足轻重的大投行还没有建立起来。

截至2015年4月24日，中国股市托起了2700多家上市公司，总市值接近56万亿人民币，仅次于美国股市。虽然与美国股市高达24万多亿美元（含场内和场外）的市值仍有很大差距，但中国股市作为全球第二大股市的地位已日益巩固。未来无论对内对外，都充满着无限的诱惑力。

正是因为中国股市的前景令人艳羡，一些外国政要会见中国领导人时，总是要求中国开放股市，以便让外国投资者分享中国股市成长的蛋糕。

不过，舆论场中的中国股市却是另外一番景象。很多人抱怨中国股市监管不透明，运行不规范，上市公司不分红，股价高得不靠谱，因而担当不起经济"晴雨表"的角色。监管者受到方方面面的批评和指责，已是家常便饭：股市下跌，股民会骂；企业上市难，企业家会骂；稽查违规行为，机构投资者会骂；大盘涨得快、涨得高，外媒会讥讽嘲笑。从证监会第一任主席刘鸿儒到第八任主席刘士余，人人都认为自己每天坐在火山口上，不仅头发都熬白了，而且屁股也快烧焦了。

市场中听到最多的就是拿我国的股市和美国股市做对比，比如2016年到2017年就有人说我们的贵州茅台、中国平安和格力电器等会实现如美股苹果和脸书一样的慢牛行情，还有人说中国股市开启十年慢牛行情走美国股市价值投资之路。经历过的股民都知道这仿佛就是一场梦，如图4-26和图4-27所示，两个市场走势截然不同。如果你还幻想着学美股那一套来操作A股，笔者可以一针见血地告诉你，你将蒙受巨额的亏损，因为这两个市场完全就不是一类市场。本篇将两个市场对比来讲，用事实说话，证明笔者观点的正确性。

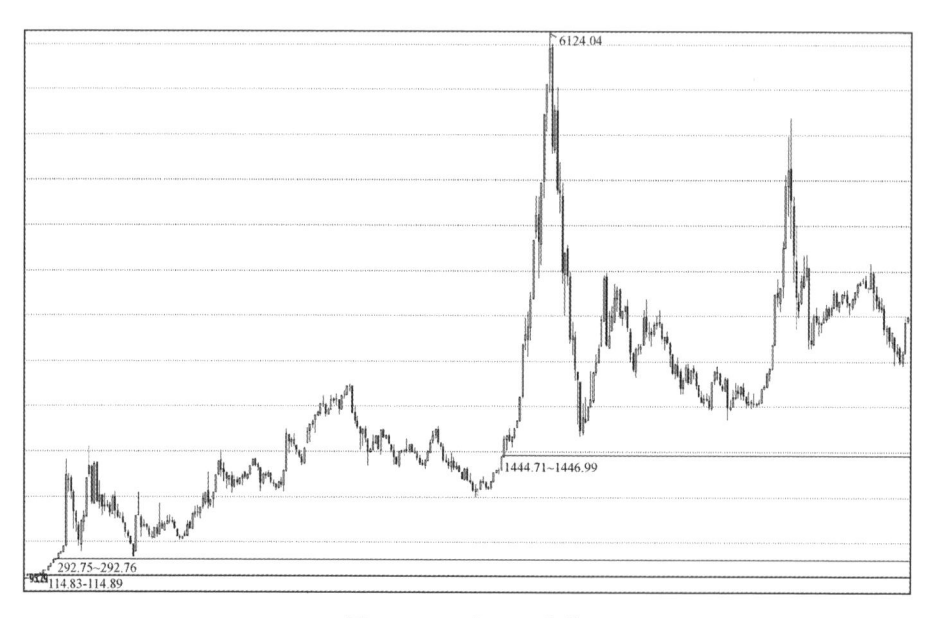

图4-26　A股上证指数

（1）交易制度的差异性。我国的股市是一个只能做多的单边市，赚钱的唯一途径就是在低位买入股票高位卖出。所以A股无论是机构、散户，或者大股东都一致预期做多股票，这样就导致每发动一次行情都要以套死一大部分人为代价，否则没法让利润落地；而美国的股市是一个双边市，做多做空都可以赚钱，这样就使得公司定价更加市场化。我国的股市还是一个T+1的

第四章 何为道论中的"道"——大盘趋势

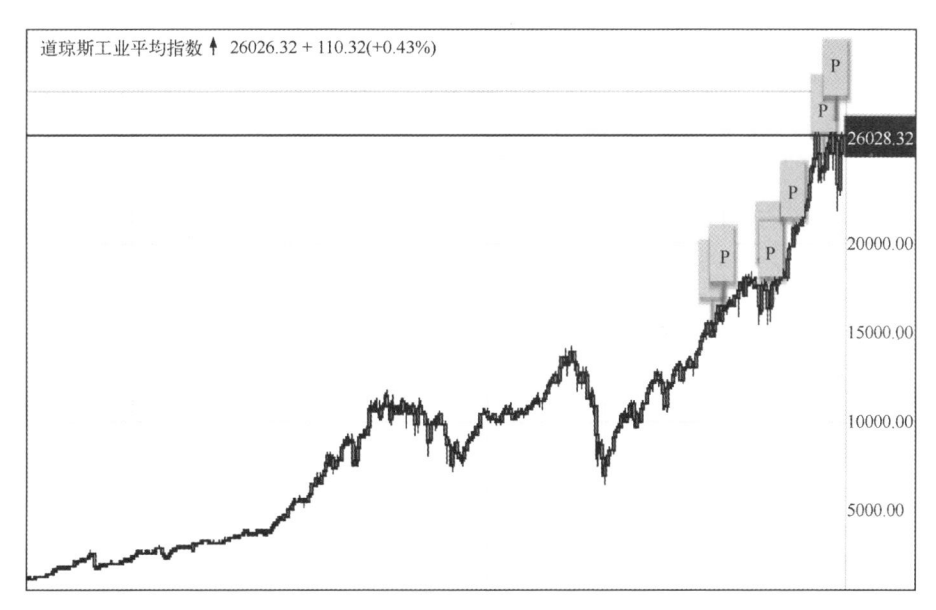

图 4-27 美股的道琼斯指数

市场，当天买入无法卖出，再加上涨跌停板使得我国的股市看似让资金更稳定，但其实加重了资金的贪婪和惶恐，直接后果即股市暴涨暴跌；美国的股市实行的是 T+0 的制度，不设置涨跌幅度，这样看似很不稳定，上下没底，但实际上也让资金更关注公司股价的合理性。

(2)投资主体上，我国的股市仍然是以散户为主的市场。不成熟的投资者来到这个股市投机氛围浓厚，追涨杀跌成了家常便饭。股市低位的时候，市场冷清，不敢买入廉价资产，等行情来了，个个跑步进场，追高买入，加重了我国股市暴涨暴跌的走势。而且，股民们互相一见面，首要任务就是打探"消息"。就连证券公司、私募机构的专业人士见面，也是互相推荐股票。研究上市公司的基本面，价值投资目前还不是中国投资者的普遍习惯。美国股市经过长期的发展，实现了去散户化的过程，是机构投资者为主体的市场，追求的是公司成长的红利，随着机构配置，市场的价值投资凸显。这种效应使得逐利的资金纷纷配置优质资产，进而形成了良性循环，好的公司得到更多资金的追捧，差的公司处于僵尸股的状态。

（3）投资标的上，我们的市场从上市估值就不低，再加上新股炒作十几个涨停板再次将股价推上新高，无论上市公司质地如何，只要一上市必定一字板往上打，在中国股市有高达2/3的非流通股。新股发行时只发行一小部分，股价是大股东、承销商和机构定价（机构定价，股民买单）。投行股份和大小股东原始股再分一年期或三年期解禁，本来长期排队都发不出去的股票，人为地变成了稀缺资源；先高价发行，然后炒新，上市时就透支了几年成长，然后再用几年价值回归调整，这种模式下，我国的股市就形成上市公司先透支、再还债的走势。

中国股民有炒新的传统：每当新股发行上市时，都会有炒新大军蜂拥而至；即使在行情低迷的时候，新股炒作也是最亮丽的风景。

2009年那一轮新股发行改革后，一些股票上市后出现破发，从管理层到评论界都认为这是改革成功的一个标志。但随后的市场行情证明，投资者追新、炒新的心态依旧；即使那些上市初期破发的股票，后来也重新被炒了一番。2014年，管理层淡化了对拟上市企业的业绩要求，很多人讥讽这是"史上最差的一批上市公司"；可一旦这些股票上市，又被拉数个涨停板。在炒新的背后，是市场参与者的投机心态。投资者既痛骂新股高价发行，但在新股上市时又去追捧。

2014年1月，新股重启发行，发行价格过高的案例比比皆是。投资者非常期盼的、被监管层用来一直超募的老股发售，竟然被上市公司用到了极致：不仅老股发售数量超过新股的数倍，而且还定出了很高的价格。监管层很快着手纠偏，先是奥赛康"过量"发售老股的方法被暂缓执行，随后是东方网力、汇金股份、绿盟科技、慈铭体检、恒华科技5家公司暂缓发行。1月12日晚，证监会公布了《关于加强新股发行监管的措施》，针对新股发行中的一些问题做出补充规范。为了抑制爆炒新股，沪深交易所都出台了新股上市首日临时停牌制度，即在连续竞价阶段，股价高于或低于开盘价一定幅度时，实施临时停牌。但这也难以阻挡新股炒作，很多新股在随后的交易日里被不断拉高。

美国股市没有非流通股，上市时投资者给的价格就是价值。

（4）在退市标准上，美国股市采用了财务退市标准和市场化退市标准。除了因并购或私有化原因自动、自主退市外，美国上市公司因达不到持续挂牌的财务标准或市场化标准，将会被迫退市，另外还有因法人过失或违法行为导致退市。"壳"在美国没有意义，上市公司和非上市公司在美国投资者眼中也没啥分别。美股每年进入、退出市场的几百只股票，优胜劣汰，大浪淘沙。股市上都是好企业，代表着先进行业，现代化企业的方向。而在中国，企业上市似乎是一个包赚不赔的买卖，众多企业都争相上市。其实很多上市公司没有树立自己资本形象的意识，也缺乏这个能力，不与股东和社会公众保持公开化、常态化的交流。小投资者想了解上市公司的经营情况，有时候比登天还难。有些连续亏损的公司却不断上演"乌鸦变凤凰"的保壳故事。很多垃圾股成为投机者"讲故事"甚至"编故事"的绝好对象，一些垃圾股借助重组消息实现了股价一飞冲天。而一旦消息落空，盲目跟风的投资者往往付出惨痛代价。

（5）分红制度上，A股的分红制度一向被人诟病。如果把A股的每个上市公司的分红或沪深两市的分红，和上市公司圈的钱及大小股东的减持套现做一下统计，肯定不成比例。由于缺乏有力的管理措施和良好的分红环境，A股市场更是获得"铁公鸡"的称号。同时，由于上市公司很少进行现金分红，投资者获得回报的途径只有买入股票然后再卖出这一种方式，在一定程度上打击了A股投资者对市场的长期预期，特别是长期持有股票的信心。

与美国上市公司现金分红方式占绝对地位相比，在国内A股市场，送股的分红方式占的比重比较大。对持有股票时间较短的中小股民而言，送股分红与拆股没有本质不同，除权后都相当于将一张十元钱的股票换成两张五元的，上市公司的利润仍然留在上市公司。美国的上市公司也乐于用分红来吸引投资者，在信息不对称的情况下，红利政策的差异是反映公司质量差异的极有价值的信号，公司可以通过红利政策向市场传递有关公司未来盈利能力的信息。如果公司连续保持较为稳定的红利支付率，投资者就可能对公司未来的盈利能力与现金流量抱有较为乐观的预期，愿意更多地投资于高红利的公司。

  所以，我国的股市与美国股市，乃至与全球任何一个股市相比，都是完全不同的市场。一方水土养一方人，想要在中国股市长期存活下去，就要掌握我国股市的运行规律，我国的市场只适合赚大钱，抱着赚小钱目的来的最终都亏损十分严重。

第六节　中国股市的运行规律

　　一提到中国股市的运行规律，第一想到的一定是"牛短熊长，暴涨暴跌"这八个字。确实如此，我们的市场基本上牛一年，就要熊上五六年，牛市的上涨如烟花稍纵即逝，熊市的下跌如江水滔滔不绝。中国股民绝大多数甚至百分之九十以上的投资者都是亏损的，为什么我国的股市会呈现出这样惨烈的光景呢？本节是第四章最后一节，笔者将给大家详细阐述其中原委。

　　先来讲为什么牛市这么短。投资者一夜暴富的心理特重，一个六合彩就可以横扫大半个中国，那些偏僻的山村都可以为之痴狂。而这里包含的某种特点，正是任何群体性运动的基础。股市一旦开启了牛市赚钱效应，就会点燃大家的欲望，很少有人会经得住这个百分比赚钱的诱惑，社会上的资金就会不断地涌入股市，出现全民炒股的热潮，就连广场舞大妈都放弃跳舞成天在家研究K线走势。不断涌入的资金会将股价再次推高，而股价的升高又带来了巨大的赚钱效应，这又会吸引更多的资金跑步进场炒股票，从而形成了一个循环。但事物的发展规律是盛极而衰、否极泰来，此时疯狂上涨的股市酝酿着巨大的风险，就如同一场击鼓传花的游戏一样。那么这个循环到什么时候终结呢？答案很简单，就是当社会上所有能进股市的钱都被吸进来的时候，这场击鼓传花的游戏就结束了，也就是购买力已经无法支撑股价继续上涨的时候，股市就见顶了，牛市转为熊市。

　　那么为什么熊市这么长呢？在单边市的制度下，想要在股市中赚到钱就只能做多或依靠上市公司的分红。但我国的上市公司基本都不分红，偶有中国神华大手笔的分红，但在市场中也算是凤毛麟角了。换句话说，想在股市赚到钱，只有做多股票一条路。做多股票其本质就是在股票便宜的时候买进，等到股票价格上涨后卖出，其实这就是一次财富的转移过程，高位买进人的钱到了低位买进人的兜里。就在这场财富转移的过程中，出现了套牢盘（即那些高位买入股票的人），这些人都想着："只要有一天能解套，我就再也不玩股票了"，也就是一旦股价再次回到他们高位买入的位置的时候，他们会选择卖出。试想每一次牛熊转换的时候都有成千上万亿的资金在高位站岗，这些都是接了那些底部翻了几倍甚至十几倍的筹码。要解放这么大量的套牢盘谈何容易？资本市场就是一个冷酷的屠宰场，没有任何感情可言，资金都是逐利，没有任何资金会去做替别人解套这个事。这就造成了这些资金将长期被套牢在高位，让这些被深度套牢的人割肉离场谈何容易？但时间会让这些人离场，因为人生总会有这样或者那样的事发生，例如换房子、孩子结婚，或者住医院等等。面对绝望的股民就会股票割肉把钱从股市取出来。漫漫的熊市正是逼着那些被高位套牢的人割肉的过程，所以股市牛一年，就要熊上个五六年。

  为什么我国的股市一直都是暴涨暴跌的呢？这是由于我们的投资主体、交易制度决定的。投资主体95%都是散户，散户操作股票的最大特点就是追涨杀跌。另外对于基金，虽然投资风格和散户不同，但是其资金来源也是散户。散户的追涨杀跌同样存在于基金申赎过程中，所以我们的投资主体情绪化交易严重，呈现出在市场上涨的时候跑步进场，市场下跌的时候发生踩踏事件的情景。再加上T+1制度，让当日进场的投资者无法退出，做错的交易不能及时纠错，会加重散户情绪化交易。另外，涨跌停板制度更是将这种追涨杀跌演绎到了极致，投资主体中的游资更是起到了推波助澜的作用；一个题材股的爆发被死死地封在涨停板上，大家都知道涨停板第二天至少还会有高开，这种惜售造成股价进一步畸形地上涨的结果，越是买不到越是要挂涨停板价排队买。跌停板也是同理，跌停之后还有新低已是共识，大家一起排队封死跌停，结果就是连续的跌停板。所以，我国的股市目前暴涨暴跌绝不是偶然，而是一种必然。

第四章 何为道论中的"道"——大盘趋势

第七节 教你如何判断大盘

本章一开篇就提到大盘决定交易的生死,这一点笔者是亲身经历的。在这22年的交易生涯里,我死过很多回,万念俱灰过,痛不欲生过,但在亲人的鼓励下,朋友的帮助下,熬过了那些不堪回首的日子。股市就是一个轮回,而我也在这一次又一次的生死轮回中,终于开始领悟了我国股市大盘的运行规律。这让我避开了2008年大盘惨烈的杀跌,也成功地让我从2015年4500点附近离场。本篇我们就以最近的这轮牛熊为例,以笔者的视角去讲述如何判断大盘的走势。

就从2014年5月开始讲起吧,从5月到12月我们的大盘开始了长达8个月的持续上涨,在这个上涨期间有明显的二八效应。表现为前期5月到9月是明显的中小创行情,中小板在这四个月时间涨幅为23.12%,创业板的涨幅为20.08%。而同期的以大蓝筹为代表的上证50指数只有在7月涨幅为9.41%,在5月、6月、8月、9月都处于横盘震荡阶段,市场的赚钱效应明显在炒作题材、概念、小盘。在这个阶段,大家可以看到我们大盘的成交量开始在中小创赚钱效应的背景下慢慢地提高,这就好比是一轮牛市盛宴的开胃菜,资金开始逐渐关注股市,并开始慢慢流入。

2014年10月到12月发生了本轮牛市一次重要的风格转换,在这三个月的时间里,中小创开始熄火、盘整、震荡,而此时的大盘开始了快速的攀升,三个月涨幅36.84%,大盘蓝筹股占据了舞台中央。以往蓝筹搭台题材唱戏的局面发生了逆转,上证50短短三个月时间涨幅高达59.39%,而这一下子点燃了市场的做多热情;我们看到的是更多股民跑步入场,热钱不断地涌入。大家可以观察到,此时的大盘交易量出现了快速的提升,市场出现疯狂做多的态势。

道中有道

  2015年新年的到来是第二次的风格转换。在2015年1月到2月的时间里，大盘开始横盘震荡整理，两个月时间里，上证50开始了为期两个月的调整；当时如果追大盘蓝筹的股民一定印象深刻，就是明白一个道理，大盘股活跃起来也是暴涨暴跌。而与之形成鲜明对比的中小创却开始了自己的牛市狂欢，而这一涨就是5个月；从2015年的1月一直涨到5月，期间中小板涨幅100.91%，创业板涨幅140.72%。而经历过的股民想想当时的自己是否还在持有着被套住的大蓝筹，看着中小创每天成批的涨停板却得了恐高症一直不敢下手呢？股市确实需要反人性的思维。反过头来，我们再说大盘调整2个月之后开始再次创新高的过程：在2015年3月到5月应该说是股民最幸福的两个月，因为在此期间，无论是大盘蓝筹还是中小创都是上涨状态。上证50涨幅为25.73%再创新高，这个时候是市场热到发烫的时候，股民基本疯狂，股神遍地都是，大家都沉浸于牛市最后的狂欢里。同期，大家可以明显看到我们的大盘成交量已经无法再次提高了：那时候两融创新高，民间配资生意兴隆，想必能投入到股市的钱都已经来到这个市场了，而推动股价再攀新高，离了增量资金，说得再好听也是白搭。

  事物的发展规律就是乐极生悲、否极泰来。在2015年6月开始了这轮牛市的屠杀，而第一个倒下的则是创业板。当时创业板被称为"中国神板"，估值全球最高。在不断地打压降温下，创业板第一个开始轰然倒塌，个股开始了连续的大阴线杀跌。当大家认为这下子大盘蓝筹机会到来的时候，万万没想到上证50也开始了大幅度的杀跌。当时有个段子说，创业板被大盘逼死了，结果拉着大盘一起殉情了。从市场在创业板大幅度杀跌没几天，我们的大盘也见了那5178的最高点。有人说顶部在5178，而在笔者看来并非如此，这个顶部在大盘成交量无法再次升高的时候就注定了这一天的命运。大家是否还记得大盘在4500点冲顶5178的时候，那时候你手中的股票其实已经开始下跌了，而大盘却一直在冲高。因为当时基本是中国石油、中国银行等超级大盘股在拉大盘，而量能却一直与创新高的股价背道而驰。如图4-28所示，而就在绝大多数投资者仍沉浸在牛市可期的时候，我已经悄然离场了（图4-28）。

第四章 何为道论中的"道"——大盘趋势

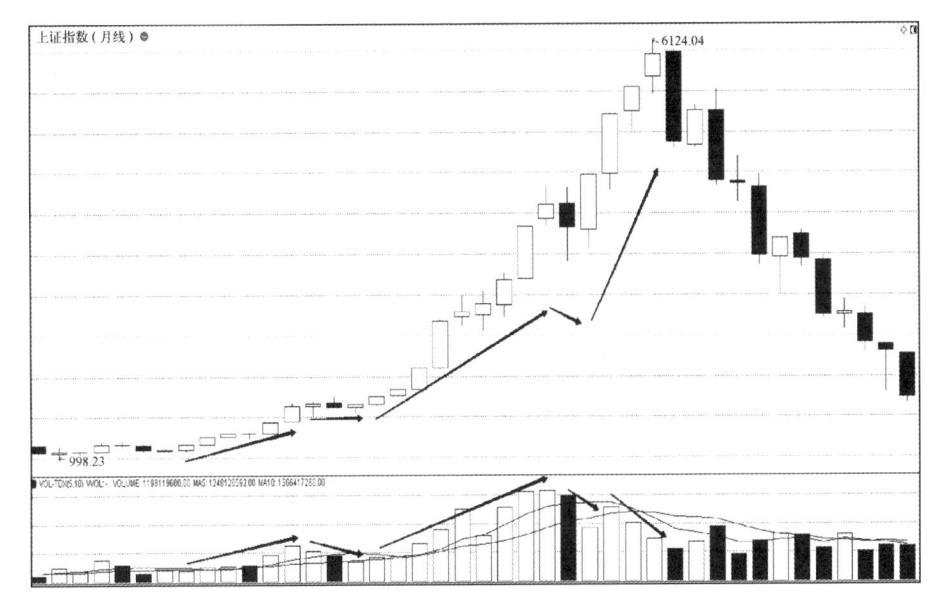

图 4-28 月线级别的上证指数

大盘从 5178 点跌下来之后，总共经历了三次比较大的下跌，如图 4-29 所示。在图中标示 1 的时候，大盘已经走到了一个选择方向的地方，大家可以看得到，在 1 的时候虽然成交量放大了，但是大盘并没有真正突破，它从 5178 走过来，一条趋势线一直反压，这条趋势线大约已经运行了 9 个多月，而且它每一次的运行都伴随着成交量的萎缩，即大盘每一次的反弹，成交量在逐渐萎缩。

这样子可能大家看上去就会比较直观一些了。大家可以看一下，为什么大盘从跌下来之后，反弹的幅度会越来越小，因为每一次的反弹都伴随着成交量的逐渐减小(图 4-30)。

第一次大盘在方框 1(图 4-30)的部分形成了什么呢？如果是搞技术的，那么就会说形成了一个三角形的走势。三角形随着成交量的萎缩，其实这里成交量一直在下降。很多人在这里却集体看多，包括当时很多的公募经理，他们也集体看多，觉得在这个位置调整一段时间后，还会到 8000 点至 10000 点。

图 4-29 2016 年的上证指数

图 4-30 2018 年的上证指数

但是大盘调整完了之后，继续下杀，而且下杀得非常厉害。

我觉得判断大盘上涨或者下跌的唯一标准是有没有套住投资人，只要套住投资人了，很可能大盘就不会再涨了。因为在牛市之中，大家每一次的抢反弹，只要下跌大家买，就会等着它上涨，认为调整都是买入时机。而在这次，很多人也认为是买入时机的时候，其实它的套牢盘已经很重了。因为这个时候，所有投资人的心里只有一种想法，只要涨起来，我马上卖掉，立刻解套，再也不炒股票了。

随着成交量的变化，当到这个底的时候，成交量还非常大；当到第二波下跌的时候，成交量已经在逐步缩小，说明参与度已经在逐渐降低。当大盘再次迎来第二波下跌的时候，大家可以回想一下，大盘这波的下跌，是谁造成的呢(图4-31中矩形框下面的箭头所指)？

图4-31　2015年的上证指数

我觉得就是在分析大盘的时候，一定要明白是谁造成了这波的下跌。大家在这个时候，可以去看看中石油、中石化和那些银行股，因为第一次的下跌都是所有的银行股造成的。

在图4-32中，方框1这个位置，大盘股其实没有跌，跌的都是中小创的股票。而在第二波下跌的时候，为什么这个位置大盘股都跌了呢？就是因为由于救市，所有的救市资金都在拉大盘股，想控制大盘指数，结果这时候，所有的机构被迫出货了，把我们的救市资金给套住了，无意中成了救市资金的对手盘。由此可见，一个投资人必须要有独立客观分析盘面的能力。因为在方框1的地方，流动性已经没有了。所有的小盘股已经没有流动性，在没有流动性的情况下就造成了所有的机构很难被平仓出来。因为机构都也放大了资金，加大了杠杆，这个时候能杀出来的，也只有是大盘股。

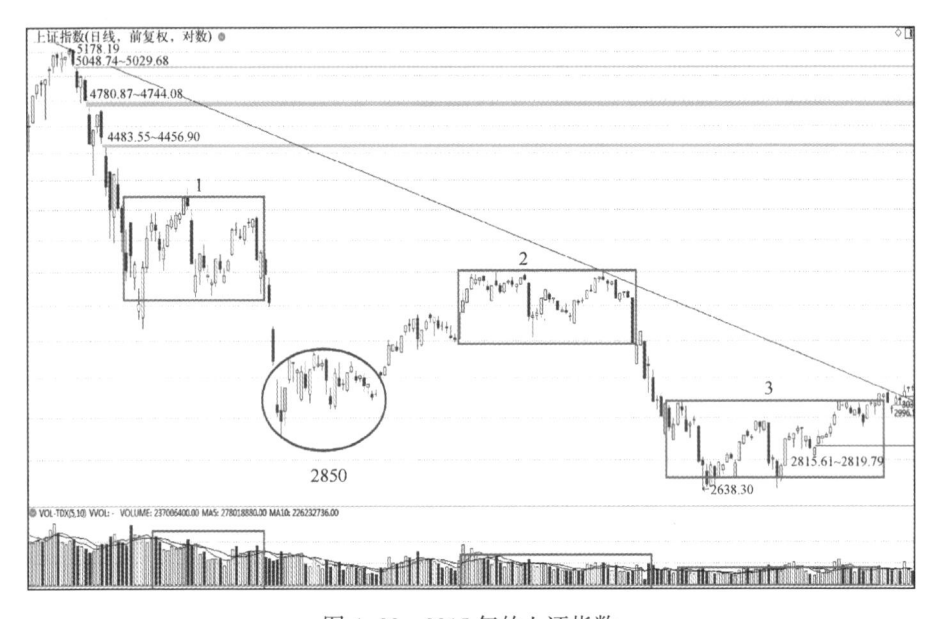

图4-32 2015年的上证指数

虽然在2850点的时候，大盘是创了新低，但是所有的中小创股价基本上都是在3368点这个位置（图4-32中1号方框），并没有创出第二次新低。也就是说，在第一次接盘的时候，我们的救市资金把中小创股都救起来了，但是并没有把大盘股救起来，并且大盘股里的机构都跑了，这就造成了第二波

第四章 何为道论中的"道"——大盘趋势

的下跌,而且跌得非常惨!

在图 4-33 中,大家可以看到,大盘再次上扬时,为什么它到了这个点位(2 号方框位置)大盘就不再反弹了呢?每一次都到这个点上,然后它就停了下来。

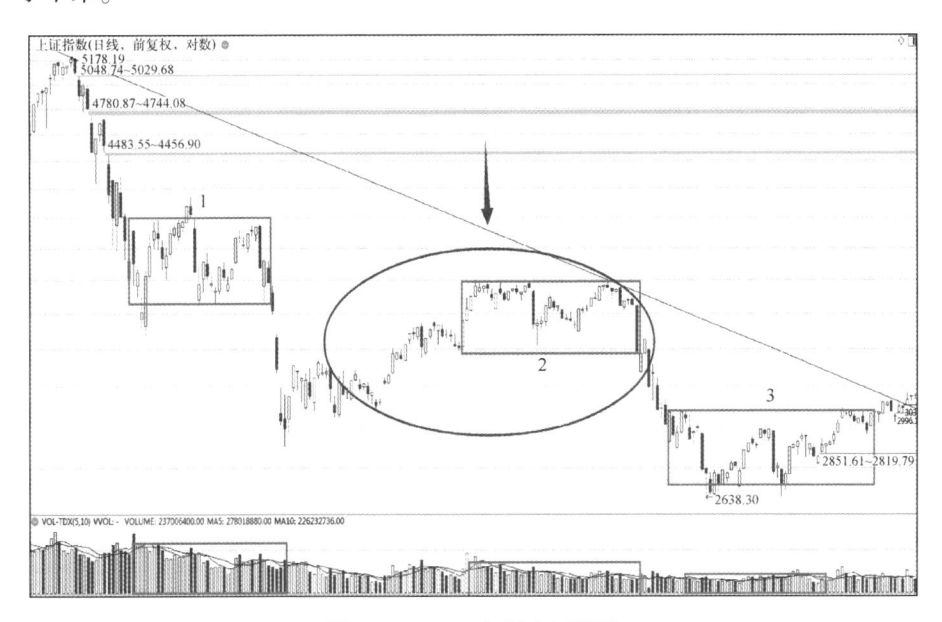

图 4-33　2015 年的上证指数

我们调出均线,大家看一下,如图 4-34 所示。大盘的年线、半年线均在这一带,构成极强的压力。

为什么它每一次涨到这些地方,大盘就再也不涨了。我觉得那个时候,在这个位置,所有人还是集体看多的,因为很多人认为在经历股灾 1.0、2.0 的下跌之后,大盘一定会迎来很好的走势。

很多人把后市的下跌归结于熔断机制。其实那时候熔断机制刚刚开始,我并不认为是因为熔断机制造成了它的下跌,大家可以看到那个时候的成交量。在图 4-35 中,a 点位、b 点位以及 c 点位这三个地方的成交量,从 a 点开始到 b 点最后到 c 点,成交量在逐步萎缩。也就是说,市场的参与度在逐渐降低,但是由于当时中小创的活跃,很多人就认为大盘又要开始上涨了。

159

图 4-34 2015年的上证指数

图 4-35 2015年的上证指数

第四章 何为道论中的"道"——大盘趋势

大盘可能又要发动一轮新的行情。其实这是个错误,因为成交量是决定市场变化的唯一标准。只有成交量大了,它才会上涨。股价上涨就好比推一块石头上山,只要没有成交量的放大,就不会有行情的好转。所以随着不停的横盘,不停地攻击新的高点,但是成交量每一次都在逐渐萎缩,所以它就再也起不来了。

图 4-36 2015 年的上证指数

更重要的还有一个更直接的原因就是:图 4-36 方框 2 的顶点和方框 1 的底点其实是差不多的,因为在方框 1 里形成了很重的套牢盘。如果在第二个框这里,要想冲过第一个框,第二个框里的成交量必须要超过第一个框的。如果第二个框的成交量超不过第一个框的成交量,那指数永远也超不过第一个框的。因为市场里新股逐渐增加得比较多,而且还有大宗交易每天的减持,所以说,这时候的流通盘一定比第一个框的流通盘大。也就是说,第二个框要越过第一个框的行情,成交量一定要超过第一个框的。但是大家可以看得到,当时的实际情况恰恰是相反的。每一次的成交量都是在缩小的,说明有很多人在做完中小创之后，并没有把资金杀到大盘股来，而是逐步退出了，所以就造成了后面再次的下跌3.0(图4-37中箭头所指)。

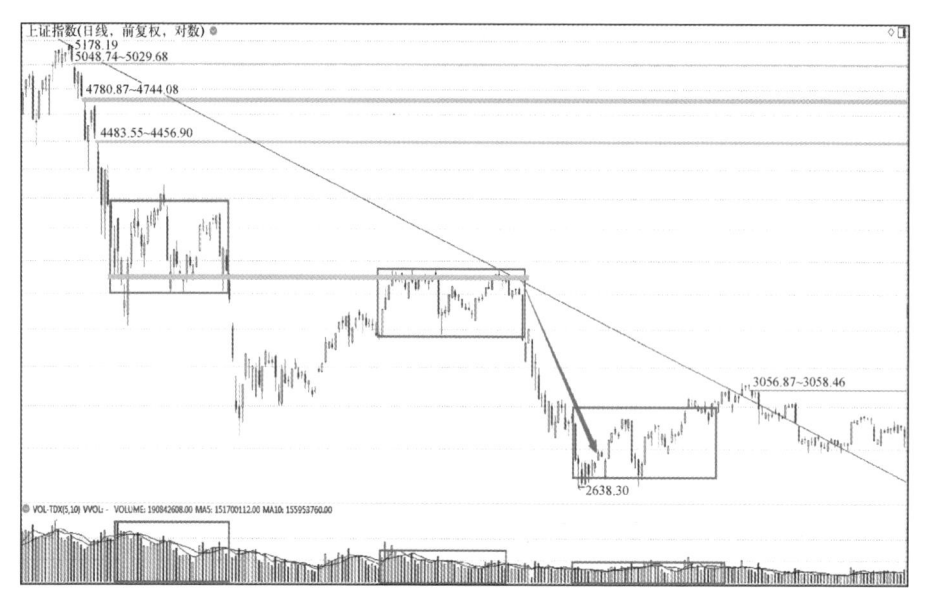

图4-37　2015年的上证指数

这次的下跌，虽然跌幅不是特别大，但是对很多人来说，套牢的幅度却是非常的深，有好多人亏损了30%~40%，有的还比40%多。大盘再度跌破前面低点2850点的时候，它又再次做底了。在这个重新做底的时候，可能很多人认为牛市又要开始了。虽然这个地方成交量放大了两天，但它远远没超过前面几次的成交量，而且离前面的成交量非常的远，所以牛市还是无从谈起，只会有局部的行情。真正等来的是2016年和2017年价值投资行情，这两年市场资金的操作风格都是投资于龙头企业，比如白酒类的贵州茅台、家电类的格力电器、金融类的中国平安等。这个道理很简单：当资本寒冬来了，资本的大树需要将养分都集中在主干上，而那些枝枝叶叶都将凋零。这两年的市场充分展现了这一规律。创业板两年跌幅为-35.42%，中小板跌幅为-10%，与之形成鲜明对比的上证50指数涨幅为18.16%，市场冷暖一看便知。

第四章 何为道论中的"道"——大盘趋势

有一点笔者必须说明：这两年其实是伪价值投资，以我们目前股市状态是不会存在真正价值投资的。因为有太多的价值被低估、质地好的公司在这两年都没有涨，上涨的就是那几只，有人称之为二八行情的升级版——一九行情，至于为什么只有那几只上涨呢？笔者提示一点，你看看当时救市时，哪些股票救市资金介入最深就好了，回头再来看看2018年什么跌得最凶，那些庞然大物跌起来也是连续的大阴线，最后不也尘归尘土归土。所以，我们的市场只有一种投资，就是题材投资，所谓的价值投资就是题材投资的一种。对于大盘，第一，我觉得不要盲目地预测它。如果我们都预测准了，我们也就不用炒股了，因为我们已经成神仙了。第二，我们来看看目前的大盘走势。也许会有人说要走出牛市了，我同样还是会觉得非常难。在图4-38中我们可以看到，图中标记了3个横盘震荡的箱体，对应下边堆起来的成交量就是套牢盘。如果它要再涨，它就会涨到标记1、2、3套牢盘的位置，它就会冲击之前的套牢盘了。也就是说，目前的成交量一定要依次超过这三个套牢盘位

图4-38　2018年的上证指数

置的成交量，它才能冲击过去。2019年一定会比2018年好过，但是现在市场比较涣散，筹码也比较分散，所以我觉得起牛市是非常有难度的。另外，随着市场的热度不断降低，我们主要的工作是在选股上。选股将会成为一个最主要的事情，因为将来的市场一定是一个结构化的市场，不可能是所有股票一起涨、一起跌。

　　为什么会出现结构化的市场呢？说得好听点叫结构化行情，说得更直接点就是市场缺钱。因为市场的资金不足以推动所有3800多只股票一起涨，而且价值投资的故事刚刚讲完。有很多闲置资金、很多游资、很多机构，它们总会想方设法找理由来炒作一批它们认为有题材、有行情的小股票。所以说这个时候，我们一定要布局在中小股票上，因为只有中小股票它才会有比较好的行情。那些什么金融股啊、大盘股啊，它们的行情比较差，个别的股票已经被价值投资行情透支了，剩下的由于盘子太大，又是结构化行情，很难轮到它们。

第八节 "道"与策略制订

但你得"道"后,很多人就会将自己定位为:
(1)短线投资者;
(2)中线投资者;
(3)长线投资者。

而这在笔者看来是一个严重的错误,因为投资策略并不是主观可以制订的,而是完全由市场给予的。市场中的得道者怀着一颗敬畏之心,拥有的是随市场变化而动的投资策略。

为什么主观定位短、中、长投资策略是一个严重的错误?资本市场最大的风险在于不确定性,市场的运行并不会随着个人主观臆断而改变。无论是短线、中线或是长线投资策略,都有其适用的市场环境,就如同四季更替,随着季节的变化更换衣服一样,夏天来了换薄衣,冬天来了换棉衣,全年都穿一种衣服,季节一变必然会出问题。股市也是如此,只不过是处于三种市场环境转换中,分别为牛市、熊市和震荡市,所以在这三种环境中采取相应的投资策略才是上上策。下文我们就说说在这三个市场环境中应该采取怎么样的投资策略,至于如何判断当下所属的环境,笔者已在第三章详尽叙述过,在此就不再赘述。

一、牛市长线策略

当牛市来临之际,就是你改变命运之时,因为这就是一场财富的转移。二八效应决定了多数人的财富最终转移到少数人手中,尤其在我们中国股市的牛市,涨得更迅速、更凶猛,其实贫穷与富有只差那一个牛市。对于这样千载难逢的机遇,你会采取什么样的策略呢?给你一个肯定的答案,那就是长线策略。

牛市是一个百花齐放的季节，会让入市的投资者有种"乱花渐欲迷人眼"的感觉。看哪只股票都在涨，今天追追这个，明天买买那个，整体都有盈利，但一个月下来，你会发现账户并没有多大的盈利。为什么会这样呢？因为每只股票在牛市都会上涨，当你有欲望追股票的时候，那只股票一定已经飞起来了。要知道牛市也是讲轮动的，舞台的中央不是独角戏，而是你方唱罢我登场的局面。你去追的时候一定是那只股票最出彩的部分，也就往往是这场戏唱罢的时候，刚进去是会有浮盈的；但随着风格轮换，很快利润就回吐了。

我们就说2014年到2015年这波牛市，指数实实在在地涨了，但很多人并没有赚到钱，有的人是账户成了杂货铺，股票买了一大把；有的人是天天追热点高频交易；如果牛市还亏损的，想都不用想，一定是天天追涨杀跌的。第一种人如果能一直拿住的话，也能盈利，但是因为股票太多资金过于分散，就会造成资金利用率不高。因为一大把股票一定是在不同时期表现的，这样就造成了最终账面看着一片红很喜庆，但是很难赚到大钱。第二种人在牛市很普遍，值得承认，有的人通过这种追逐热点确实获得了高额的收益，但对于绝大多数人来说，这种超短的交易很难稳定赚钱。这样的操作很容易每只股票只啄一口，往往操作一番，回头再看自己操作过的股票已经涨上了天，自己卖在了山脚下。第三种人追涨杀跌一定是牛市还亏损的罪魁祸首，因为牛市并不是不停歇地涨到顶，而是震荡式上行。而且牛市的回调更加的凶猛，短短两三天就能回撤20%，面对这样的行情，很多人就扛不住了，一刀全割；股市继续冲高又忍不住去追，几次牛回头下来，想不亏都难。

笔者的牛市长线策略就是一波牛市长期操作一只股票，并不断地做差价。牛市来了，平均每只股票都至少会有三倍的涨幅，而它的振幅甚至会高达十倍，这里为什么提到振幅呢？因为我们做股票只要有差价就可以赚到钱了，做一只股票并不是简单地持有，当然持有应该会有3倍左右的收益，但这远远不够。我们的目的是不断地做差价，最终将成本变为负数。任何的市场波动，都可以为股票成本最终变成负数的活动提供正面的支持；无论是先买后卖与先卖后买，效果是一样的，但很多人就只会单边运动，不会来回动，这都是坏习惯。

市场无论涨还是跌，对于你来说永远是机会，你永远可以在买卖之中，只要有卖点就要卖出，只要有买点就要买入；唯一需要控制的就是量。对于笔者来说，当日分时图出现卖点也会参与，只是可能就只卖5万股，跌回来分时分批买回来，差价就只有1毛钱。整个操作除了手续费就可能只有几千元的收入，虽然对于本金来说微不足道，但重要的是，这样的操作能让笔者总体成本降低，即使是0.001分，笔者也必须这样做，因为长期下来，我的成本就越来越接近零甚至到负数。所以，任何的卖点都是卖点，任何的买点都是买点，唯一需要控制的只是买卖的量而已。这里要明确一点，做一只股票一定要一开始就买个够，仓位是一直不变的，最开始多少就是多少，上上下下，卖点的时候仓位变少，买点的时候又恢复原来的仓位，但绝对不加仓，牛市倒金字塔加仓是大忌。

二、熊市短线策略

当熊市来临之际，就是市场寒冬来临之时，绝大多数的投资者将在这场寒冬中"冻死"。我国的股市熊起来可以称得上熊贯全球，中国股市有一句股谚："多头不死，熊市不止"，其寓意就是，只要市场中仍有人看多，股市就还没到底。对于这样艰难的时期，你会采取什么样的策略呢？给你一个肯定的答案，那就是短线策略。

熊市是一个风雨凄凄的季节，是一个彻底摧毁投资者信心的市场。无论你是绩优股还是题材股，无论是大盘蓝筹或是小盘科技，统统会跌到你怀疑人生，这个时候将会是长线投资者的噩梦。举个大盘蓝筹股的例子，比如2015年跌落神坛的中国中车(601766)，当年一个中国南车一个中国北车，股价最低从2元多最高上涨到39元，经历过的股民都应该记得当时操作很简单，就是只要南车涨停，你买北车就好了，很快也会涨停，就这样，"中国神车"的称号由此而来。但合并后的中国中车又如何呢？赶上了熊市一路下跌，跌破了多少人的财富梦想，从此"中国灵车"的称号就此产生，如果坚持长线投资，估计至今仍被套牢在山岗上。

再举一个题材小盘股的例子，比如2015年的暴风集团（300431），当年这只股票还叫暴风科技，而且是明星股票。从上市后就开始了自己的涨停板之路，股价从11元最高涨到320多元，经历熊市的洗礼，现在仅仅8块多，如果长线持有，这一套很难想象解套之日是何时。当然这样的例子实在太多，每次熊市的来临都是重新洗牌的时刻。

笔者的熊市短线策略就是，熊市来临，超短线博反弹。熊市的下跌同样也是震荡下行，每次大盘下跌较多的时候都会出现一波比较不错的反弹行情。牛市是快跌慢涨，熊市是快涨慢跌，这种行情一走出来基本都会有20%~30%的反弹，给了我们绝佳的操作机会。如何去判断大盘的反弹机会，笔者在第三章已经说明，这里不再重复，但值得强调的是仓位的控制和风控的把握。

熊市最大的忌讳就是去抄底长线持有，试想大盘的底如果那么容易就抄到了，还会有如此多的人倒在抄底的路上吗？因为震荡向下行的市场，就会形成一道道下跌的中枢，说得更通俗些就是套牢区域，想短期再起来实在困难。而继续下行就是顺水推舟，跌破支撑位，股价就会在惶恐情绪和止损盘的带领下继续创新低。笔者就曾因为熊市抄底死过，都是血淋漓的例子。陈年旧事我们不提，讲个2018年身边的例子。对于一位浙江朋友来说，2018年就是他的噩梦，这一年的下跌中他操作了一只深市中小板，在这一年的上半年一直在不断地买入，股价下跌就开始不断地补仓，补了整整半年；由于加上了杠杆，透支使用了资金，在2018年中旬开始捉襟见肘，面对继续下跌的股价已经再无能力去摊低成本了，终于跌破了平仓线。钱全还了透支资金，最终分文不剩，巨额的财富化为乌有。不能把自己放置在一个危险的境地，所谓背水一战、置之死地而后生，都不是资本市场应该采取的态度。这样的态度，可能一时成功，但最终必然失败。

三、震荡市中线策略

震荡市占据了市场绝大多数的时间，单边下跌或是单边上涨在市场中都是短暂的，中间衔接它们的就是震荡市。市场的基本走势是上涨震荡下跌，下跌震荡上涨，上涨震荡上涨，下跌震荡下跌的排列组合。大家可以翻看28年的股市走势，我们的市场绝大多数处于震荡市中，因为无论是做多或是做空都需要蓄力，而蓄力的过程就是震荡。对于这个占据你投资生涯最长时间的震荡市，你会采取什么样的策略呢？给你一个肯定的答案，那就是中线策略。

震荡市对于得道者来说就是天堂，而对于绝大多数投资者来说简直就是地狱。这一点笔者绝不是在夸张，为什么会出现这种差距呢？对于那些单一的技术派来说，震荡市的低位往往各项指标都呈现死叉卖出信号，各种形态都是空头排列，根本找不到买入信号。而当震荡市中到高位的时候，你会发现无论是指标还是其他什么技术基本都出现做多的信号，要是在震荡市按以往买入卖出的方法做，绝对被打得满地找牙，而且是你一买就见顶，一卖就立刻反弹。对于那些长线价值投资者，估值已经很低了，买进去可能等上一年还在那里爬着，这还是运气好的；赶上下跌震荡下跌的走势，后果不言而喻，高位站岗没得商量。

笔者的震荡市策略就是中线做一只股票，中间做短差，盈利百分之二十到三十就换另一只。对于得道者来说，震荡市做起来会很舒服，因为宗旨就是做差价。在低位去承接那些割肉廉价的筹码很容易就会起反弹，而在有一定利润后集中一点抛出，股价就会应声而落乖乖地再次回到我们想要的位置，这样一来一往，我们的成本就在不断地下行。为什么目标设置为百分之二十到三十？这个大家不要照本宣科，完全要因地制宜。因为这个要看你个股的震荡幅度，活跃起来的震荡走势做起来甚至比单边上涨还要容易赚钱。震荡市不能恋战，因为这样打短差最终会消耗着股票里边的做多动能；尤其是那种高点逐渐下移的震荡股票，该走就走，莫要中线变长线。

> 你学会了道论的所有理论后,还要加强内功的修炼,战胜你的心理弱点——贪婪与恐惧,才能做到泰山崩于前而面不改色,真正领悟到道论的精髓。

第五章
道论"心法"——战胜心魔

祸莫大于不知足,咎莫大于欲得。故知足之足,常足矣。

——《道德经》

道论中"道""法""术"通过努力学习加以实盘体会，任何投资者都可以掌握运用。如果到此止步，永远只能是匠人，不可能成为真正的高手。因为市场对人的考验，归根结底是人自身的修炼；投资市场最终比的是修养与人格及见识，最大的敌人不是别人，而是自己的心魔。笔者将在最后一章讲道论"心法"助你战胜心魔，若你就此顿悟，任凭股市"雄关漫道真如铁"，你都将"而今迈步从头越"。

第五章 道论"心法"——战胜心魔

第一节 贪婪与恐惧是亏损的心魔

正如《道德经》中所言，最大的祸害是不知足，最大的过失是贪婪的欲望。知道到什么地步就该满足了的人，永远是满足的。当你掌握了各种分析方法和各种交易模式的"术"，但最终仍然继续亏损时，这最后一道坎就是源于你内心的贪婪与恐惧，这是任何一个投资者都必须面对的两大心理障碍。

恐惧，起源于人对未来的不确定性；当人在交易时，对亏损的担忧会让我们心生恐惧，亏了钱担心亏损会扩大，赚了钱担心会吐回去。当股价已经很低的时候，盘中一个下探下影线就能让众多投资者彻底绝望交出筹码，股价运行稳定连续几天的打压洗盘就能让你与主升浪失之交臂。这种担忧困扰过每一位交易者，尤其是刚入市的新手。

贪婪，源于欲望；贪婪驱使你去冒险，去尝试，去交易。当人在交易时，看到账面浮盈不断增加时，又会产生对于更多利润的贪婪；当股价已经达到预先计划时，也还会继续持有；当股价连续大幅拉升的时候，明明不符合自己的买入条件，但被大阳线所诱惑，脑子一热就冲了进去。

贪婪与恐惧与生俱来，每个人皆是如此，贯穿我们生命的始终。交易者的情绪最基本的两大要素就是：恐惧与贪婪。正是每位交易者的"恐惧与贪婪"情绪汇集而成了市场的"贪婪与恐惧"情绪，市场在这两种情绪的影响下跌宕起伏。而这恰恰给我们绝佳的赚钱机会，因为市场在这两种情绪下会走出扭曲的行情，或者说是市场会出现错误的定价。而在这个过程中就会有做差价的机会，如果你能利用贪婪和恐惧两种情绪反其道而行之，必然有超额的收益。

用我们中国的哲学讲，可以概括为"盛极必衰，否极泰来"。这种例子在全世界任何资本市场比比皆是。我们不说别国的股市，但说我国的股市，当时 2015 年因为融资融券业务推出后，大量的融资客和杠杆资金进入股市，产生了资金的放大效应和赚钱效应。赚钱后的投资者可以继续加大杠杆，继续赚钱，这种"资金牛"似乎可以无限正循环。但是，当监管部门发现杠杆资金太多影响了金融安全后，一些急于撤离的资金，在杠杆的作用下，就会造成罕见的连续下跌甚至连续跌停的场景，这就是盛极必衰的典型。

再来说一下重庆啤酒的故事。2011 年 12 月，重庆啤酒深陷疫苗丑闻，导致股价从 80 元左右掉头向下。在跌到第 10 个跌停板的 12 月 21 日时，跌停板被撬开。国泰君安总部和打浦路营业部赫然出现在当晚的公告中。重庆啤酒股价继续下跌，从 26 元左右一路跌到最低点的 17 元多，到 2 月 23 日回到 34 元左右。徐翔曾对朋友多次回忆重庆啤酒的操作，利空消息会让他的股票过度受挫，但重庆啤酒是一个有业绩的股票，因此肯定有一定的价值。当第一次抄底发现继续跌停时，他就斩仓离场。第一次彩票没有摸到，第二次跌到 17 元时，泽熙再次逐步抄底，整个重庆啤酒的操作持续时间两个月，当外界都在猜测泽熙被套斩仓亏损的数字时，泽熙获得数亿利润，在 30 元左右陆续离场，这就是否极泰来的典型。

当然类似的例子太多，恐怕笔者讲上一天一夜也讲不完，想和大家说的是恐惧和贪婪会使投资者犯错。市场走出扭曲的行情，而这对于大多数人来说，只会让其在低位割肉，高位追入，得道者必定利用其他人的错误寻找盈利机会，因为"盛极必衰，否极泰来"是万事万物的发展规律。

第五章 道论"心法"——战胜心魔

第二节 投资心魔的成因

人的一生都在和自己的心魔斗争着，我们认识事情的道理很容易，但真做到知行合一太难了，正所谓知易行难。来到股市，市场更是扩大了对于人性的考验，心魔在这里也变得更加强大，尤其是人性的贪婪与恐惧，在市场面前更是暴露得淋漓尽致。在上涨的时候，贪婪的本性让投资者红了眼睛忘记风险；在下跌的时候，恐惧的本性更是让投资者吓破了胆迷失方向。本篇我们讲投资心魔是如何诞生的，只有弄懂其出处，才能想办法去战胜它。

成因一，过度自信。我们常常听到不少投资者说过这样的话："再熊的股市也有机会，你看昨天市场暴跌，还有两只股票涨停。"听起来好像很有道理，但是听起来有道理的话几乎全是假的。此话的潜台词是：这两只涨停的股票我也能抓住。但可惜他不能。投资者经常会认为自己的投资水平远远高于市场平均水平。过度自信是非常危险的事情，因为它会导致过度交易、冒险交易等错误的交易决策，最终导致亏损。

成因二，自豪与懊悔。我们常常面对需要从股市取出一部分资金留有他用，手中持有两只股票，此时一只已经盈利20%，但是另一只却已亏损了20%，你会卖出哪一只股票？99%的人会选择出售盈利的股票。为什么会这样？因为人们都会努力避免那些可能产生懊悔心理的行为，积极寻求能够产生自豪心理的行为。懊悔是痛苦的情绪体验，因为认识到自己以前的决定错了。自豪是快乐的情绪体验，因为认识到自己以前的决定对了。所以人们都会出售赚钱的股票，而将亏损的股票继续持有。投资者有时候明知市场会继续下跌，但是总舍不得割肉，因为害怕账面亏损变成实际亏损，其实割肉后的懊悔心理远比实际的亏损痛苦多了。然而，判断某一项投资是盈利还是亏损并不是一件容易的事情，假设一个投资者2007年初投资股票50万元，到年底股票资产增长为 100 万元,但是经过 2008 年以来的市场下跌,目前股票资产为 65 万元。他觉得自己盈利了还是亏损了?大多数人觉得他亏了,因为他没有实现收益最大化。如果把 100 万元作为参考值,你是遭受损失的痛苦情绪。如果把 50 万元作为参考值,你感觉到的是获得收益的愉快情绪。因此,赚钱了未必快乐,要想既赚钱又快乐,就要先设定合理的心理收益水平。投资者除了做好股票配置外,很重要一点就是做好股票投资参考值的设定。

成因三,风险感知。我们一起玩一个抛硬币的赌博游戏,如果抛出正面,你赢 20 块钱;抛出反面,你输 20 块钱。你愿意赌吗?如果你之前已经赢了 100 块钱呢?如果你之前已经输了 20 块钱呢?如果之前已经赢了 100 块钱,很多人会选择继续赌下去,因为反正是从赌场手里赢来的,输了无所谓。这就是"赌场的钱"效应。如果之前已经输了 20 块钱,就有两种选择:有的人会继续赌下去,这就是"试图翻本"效应;有的人则收手不干,这就是"厌恶风险"效应。经历了 2007 年的市场上涨和 2008 年的市场下跌,产生了三类股民:①入市早、已经有收益的股民;②进场时间较晚、发生了亏损、闻股头痛的人;③进场时间较晚、发生了亏损、但是想在短时间内赚回来人。第一类股民,比其他类型的股民更容易过度自信,"赌场的钱"效应使得他们更愿意投资高风险高收益的活跃股票。第二类股民,受到懊悔情绪影响,"被蛇咬"效应很可能使他再也不会投资股票。第三类股民,是风险的爱好者,"试图翻本"效应使他们更倾向于进行股票的频繁操作,进而又犯了"过度交易"的错误,导致更大的亏损。

成因四,代表性思维。在股票投资者中就有这样一些错误的代表性思维:如涨得快的股票一定是好股票;一定要投资过去一周、一个月或者一季度上涨好的股票。但我们都应该知道股市的风险是涨出来的,机会是跌出来的,炒股炒的是预期,炒的是未来,我们要买未来涨得好的股票而非现在涨得好的股票。

成因五,羊群效应,或者说是社会互动。新闻报道、网络上的股评帖子、证券公司营业大厅门内外拥挤交谈的习惯,都是羊群效应的罪魁祸首。投资

第五章 道论"心法"——战胜心魔

大师彼得·林奇曾说过:"假如你在绝望时抛售股票,你一定卖得很低"。当市场处于低迷状态时,其实正是进行投资布局,等待未来高点收成的绝佳时机。不过,由于大多数投资者存在羊群效应的心理,当大家都不看好时,即使具有成长前景最佳的投资品种也无人问津;而等到市场热度增高,投资者才争先恐后地进场抢购。一旦市场稍有调整,大家又会一窝蜂地杀出,这似乎是大多数投资人无法克服的投资心理。

成因六,感情用事。投资者常常懊恼的一个普遍情况是,刚刚割肉,股票反弹;刚刚买入,股票开始下跌。市场好像总是在算计着自己。很多看了不少专业炒股书籍,也在股市里打了几个滚的股市老人,也常常懊恼:明明计划要买招商银行,在下单之前,听消息人士说浦发银行更好就买了浦发,结果招行涨、浦发跌;明明计划好今天空仓,可是打开电脑,满世界都是好消息,于是果断杀入市场,意外被套;买了股票就一直看多,卖了股票就一直看空,心理总不能平衡,在股市进进出出,股市涨了5%,自己还亏了1%。感情用事最后使自己身心交瘁。

上面六个成因,相信每一位投资者至少犯过其中一个,甚至全部,这就是贪婪与恐惧的心理根源。面对人性固有弱点,我们应该认清它们,在作出投资决策的时候,一方面要克服自身的心理弱点,方能做出正确的决策,即"战胜心魔";另一方面,投资者还可以了解其他投资者的心理,反其道而行之,从而成为股市中特立独行的高手。

第三节　以道家心法战胜心魔

知人者智，知己者明。胜人者有力，胜己者强。知足者富，强行者有志.不失其所者久，死而不亡者寿。老子的意思是说，能认识别人叫作智慧，能认识自己才算高明。能战胜别人是有力的，能战胜自己才叫强者。知道满足的人才能富有，坚持力行、努力不懈的人就是有志。不离失本分的人就能长久不衰，身虽死而"道"仍存的，才算真正的长寿。这几句道出了我们道论心法的真谛，我们不仅要向外求好的投资方法，还要向内求内心的修炼；我们不仅要去努力学习战胜股市牛熊，还要去研究学会战胜自己的弱点。那么本篇我给大家讲三个道论心境，最终做到向外求有道论，向内求有心法，内外兼修方能立于不败之地。

一、道论心境一，众人皆醉我独醒

举世皆浊我独清，众人皆醉我独醒。

这两句楚辞蕴含着道家哲学，也道出了我的道论心境，世人都已污浊，唯独我是干净的；世人都已迷醉，唯独我是清醒的。此等境界更是股市中一种超脱的心境。我国的股市是一个"一赚二平七亏"的市场，注定了是少数人赚大多数人钱的地方，你若与众人同流合污，随着舆论随波逐流，那最终你永远都是送钱的那批人。无论你是机构还是散户，都逃脱不开这个"少数人赚钱"的铁律。笔者见证过金融帝国的轰然倒塌，身边庞然大物的机构倒在血泊中的不计其数，做股票永远都不要人云亦云，要有"举世皆浊我独清，众人皆醉我独醒"的自信，本篇我们就从这重心境说起。

笔者回想起2002年的那个夏天，那个注定是终生都无法忘怀的季节，那时我们的市场并没有像夏天一样的火热，相反市场十分艰难。管理层开始了

第五章 道论"心法"——战胜心魔

不断救市的措施，在大盘于1月29日跌到1339点后，开始了回升的走势。各家券商纷纷看好后市，券商自营盘仓位逐渐增加到了重仓，还有的是为了维稳下跌股价，不断增仓最终成了流通盘的大股东，此时各家基金也基本上都处于满仓的状态，大家齐心合力救市，整个市场开始回暖，在救市的呼声中，股价开始上行。而使这轮救市达到最高潮的一天当属2002年6月24日，管理层在6月23日周末出台了停止减持国有股等一揽子重磅利好政策。当晚多家券商开电视电话会议，应对未来普遍认为的黄金牛市。次日发生如图5-1所示的大盘盘中大涨9.25%，基本上所有的股票都冲击了涨停板。

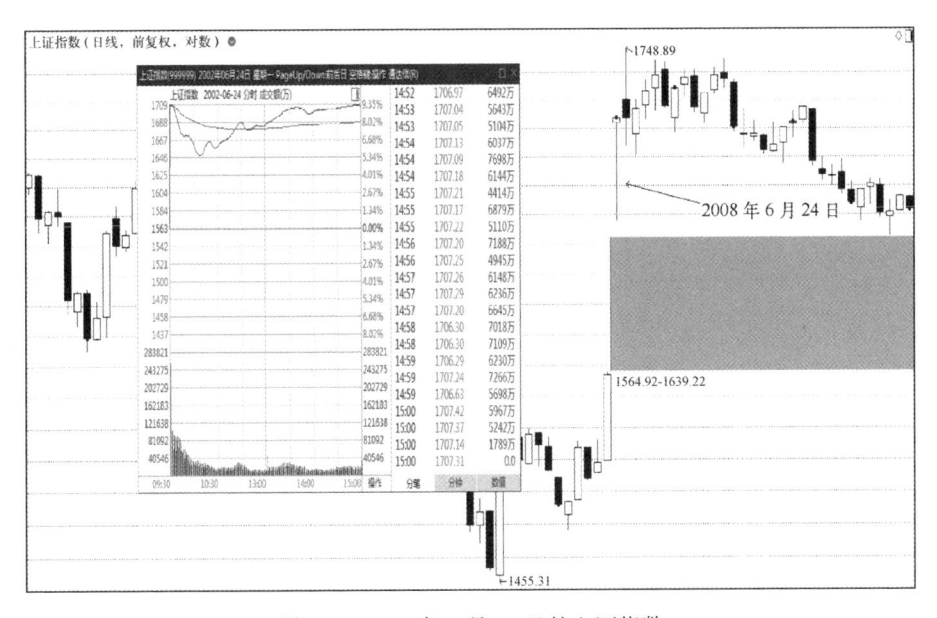

图5-1 2002年6月24日的上证指数

但令人费解的是，面对全盘涨停，竟然还有一只股票没有涨停，这只股票当天换手高达80%（现在看是69.55%左右，股本比当时大了），涨幅仅为3.64%，盘中收出了长长的上影线，这只股票就是600187黑龙股份（现在的国中水务），如图5-2所示。当天的黑龙股份主力借着利好出货了，这简直

179

就是当时圈内最大的笑柄,笔者当时也觉得十分滑稽,与同行们调侃这个600187主力水平之差。因为基本上所有的机构都达成了共识,十年黄金牛市刚刚起步,大家都在唯恐抢不到筹码,他竟然全都抛掉了。

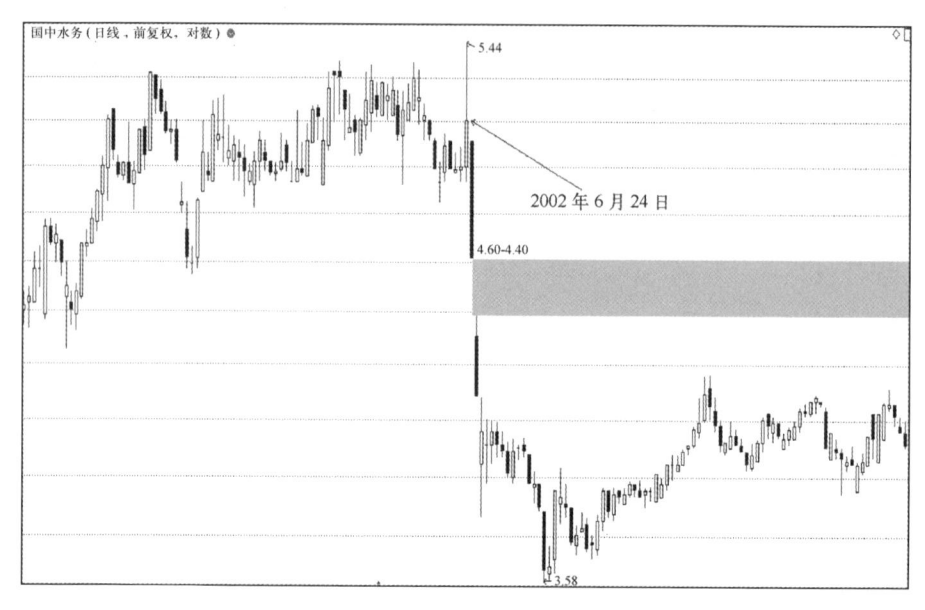

图5-2 2002年的黑龙股份

可后来的发展,我们当时任何人都没想到,甚至可以说基本上全市场的机构都没有想到,我们的大盘再次回归了熊途,这一熊就是三年,最低跌到998点。也就是当大盘跌破1000点之际,南方、华夏、天同(山证)等这些中国证券业的鼻祖相继易主,各种机构血流成河,尸横遍野,当时不可一世的德隆系金融帝国在控制多家上市公司以后也轰然垮塌。笔者也倒在了血泊中,这一次由于掌握了大资金,放大了资金利用率,在这三年苦苦的挣扎中被市场彻底消灭,资金全部被强平,而且还背上一身债务。此时的自己,回想起那个夏天600187黑龙股份的主力,不由得肃然起敬。一个机构需要多大的勇气和自信才能站在整个市场十年牛市预期的对立面,回想当时包括自己在内整个同行都在嘲笑他时,我们是多么的无知,是多么的可笑。

600187的主力"举世皆浊我独清，众人皆醉我独醒"的心境至今时刻警醒自己，真理或许永远掌握在少数人手里，也只有少数人才能到达成功的彼岸，正所谓"沉舟千艘一帆过"。

二、道论心境二，将欲弱之必固强之

将欲歙之，必固张之；将欲弱之，必固强之；将欲废之，必固兴之；将欲取之，必固与之。是谓微明，柔弱胜刚强。鱼不可脱于渊，国之利器不可以示人。意思是，想要收敛它，必先扩张它；想要削弱它，必先加强它；想要废去它，必先抬举它；想要夺取它，必先给予它。这就叫作虽然微妙而又显明，柔弱战胜刚强。鱼的生存不可以脱离池渊，国家的刑法政教不可以向人炫耀，不能轻易用来吓唬人。事物的发展规律是物极必反、对立转化，老子认为，"物极必反"，如鲜花怒放之时，也就是它即将枯萎凋谢之时；月亮盈满之时，也就是它即将要亏缺之时。这种"物壮则老""势强必弱"是"道"之内涵；强弱的对比并不是绝对的。老子主张：既然强极而转衰，柔弱的反而可以胜刚强，那么事物就应该避免强极，安守柔弱，从而也就可以避免衰亡的危险。

笔者回想起4年前的一个午后，几位同行一起喝茶谈个项目。晚饭的时候又叫来一位未曾谋面的朋友，经过了解得知此人就是郭庆，就是当年中国第一支百元股亿安科技的三位操盘手之一。亿安集团(控股)有限公司董事局主席罗成聘请李彪、汤凡、郭庆三人作为操盘手，而今这三位传奇操盘手仅剩郭庆一人，我们聊起了当年发生在000008亿安科技(现在更名为神州高铁)的往事。

这件事发生在1998年11月亿安科技建仓阶段，000008一直横盘，在不断地假突破，追入的技术派股民，屡次被套。股价涨一天，跌一天，像是在走迷踪步，搞得股民晕头转向。走出来以后回头看，实际是横盘。而就在此时，负责建仓的主操盘手李彪遇到了"老鼠仓"的麻烦，亿安科技里的高管们及其七大姑八大姨在这个时候企图坐轿子。根据李彪与罗成的协议，李彪做盘的报酬，来自这个项目的最终盈利，这就要求必须将这些"老鼠仓"清理干净，但问题是这次面对的敌人不是普通人，而是他的"东家"，又如何让这些人乖乖地交出筹码呢？在这个横盘吸收完外面的浮筹后，李彪开始了对于"老鼠仓"的收割(图5-3)。

图5-3 1998年的忆安科技

这一天，他到了罗成的办公室，故意当着几个副总的面嚷嚷，说亿安科技的盘子很不干净，要彻底洗盘，否则不能做了。罗成他们当然装傻，问李彪要怎么办，李彪说要把股价狠狠往下砸30%以上，且要将股价放在底下"凉"半年，将老鼠仓彻底逼走。李彪知道，罗成他们对于李彪的说法开始可能并不相信，因为这些人不懂股票，你不可能一两句话就把他们吓跑。但是，假若亿安科技的股价真地向下破位，那么这些高管们是会害怕的，因为他们这时候就会把李彪原先说的那个吓人的话当真，会想当然地认为该股股价就是要跌30%。与其被套30%，还不如先跑掉，以后待股价更低一些或者即将拉升前再买入，岂不更好吗？1998年12月16日，市场突然传闻亿安科技的

第五章 道论"心法"——战胜心魔

庄家因透支过度,被强行平仓。当日股价跌了 4.88%,第二天跌 7.56%,第三天跌停,如图 5-4 所示。其后几天,李彪就真的在盘面上将亿安科技的股价做出了向下破位的形态。极度惨烈的放量暴跌,让所有人都相信传闻是真的,庄家真的因资金链断裂被强行平仓。几乎所有的股民都后悔没有跑,但是股价封住跌停板,不给逃跑的机会。只要看盘,无人幸免,都想夺路出逃。李彪的手段确实非常高明:一方面是在高管层散布虚假信息,二是在股价上做骗线,经他这一通类似反间计、烟幕弹般的折腾,那些高管们的老鼠仓就真的开始了恐慌出逃。而李彪呢,则用了一些秘密账户,将这些老鼠仓悉数收入囊中。

图 5-4　1998 年的亿安科技洗盘图

接下来的一天,亿安科技莫名涨停,之后一气走出了四连阳,随后开始横盘,而且位置略低于前期平台,就是无法突破。这又开始让人摸不着头脑。1999 年 1 月 18 日,亿安科技突然涨停,一举突破了前期两个平台。突破时,连 15 分钟都不到就过去了,如图 5-5 所示。

图 5-5　1998年的忆安科技突破图

连连破位下跌，被市场人士普遍理解成庄家出货末期的手法。而李彪却反其道而行之，利用传闻和破位走势制造恐慌，大举吃货，这与兵书所云："兵不厌诈"皆是此理。在市场博弈中，这种欲进先退的做法，正是符合道论心法"将欲歙之，必固张之；将欲弱之，必固强之；将欲废之，必固兴之；将欲取之，必固与之。"的盈虚相因之理。而若能达到此重心境，必能在股市翻云覆雨，大有作为。

三、道论心境三，无为而至无不为

为学日益，为道日损。损之又损，以至于无为。无为而无不为，取天下常以无事。及其有事，不足以取天下。意思是说，所求的学问一天比一天增加，所求的"道"一天比一天减少。减少又减少，到最后以至于"无为"的境地。如果能够做到无为，即不妄为，任何事情都可以有所作为。治理国家的人，要经常以不骚扰人民为治国之本，如果经常以繁苛之政扰害民众，那就

第五章 道论"心法"——战胜心魔

不配治理国家了。老子认为,自然界的法则早已具备,没有一种事物不受它的支配。人也是自然界之内的一物,当然也逃脱不了这自然法则的支配。"道"便是自然法则本身,它是"无为"的,因为它是早就具备了的;但又是"无不为"的,因为一切事物乃至一切人类行为都得受它支配。这样说来,人类的一切努力,是不是用不着了呢?在老子看来,人类的一切努力,是用得着的,是必须的。人类应当努力学习,使知识不断增加,知识增加了,便会明了自然界一切事物发展的法则;知识越是增加,便会对于自然界的法则越是明了,越是觉得自然界的法则不过是原来布置好了的客观存在物而已。所以老子的"无为",不是要我们不去努力,而是要我们去努力,越是努力,便对自然界的法则认识得越真切。但是,主观的努力只能达到认识客观的法则而已,不可能改变客观法则。主观的力量在一天天地增加,便会觉得客观的法则一天天地减少。因为客观事物是各以大于自己的法则为法则的,而自己也各自有其法则,明了了这一点,久而久之,便会觉得没有什么客观法则支配着似的,实际上却是无一处没有法则。

"道常无为而无不为"言简意赅地表达了老子对"道"的界定。"道"是"无为"内在的绝对的理论依据。道产生并化育万物,却不带有丝毫的功利目的和考虑,万物依赖它生存它却从不夸耀,它成就万物却不去占有万物,养育万物而不对万物实行主宰。他确信"道法自然",道生养万物并不是一种有意识、有目的的行为,而是一种无意志、自然而然的行为。这种无意识的道却没有什么事情做不成。这就是"道"的根本属性和特征。由此可见,老子不仅尝试从"为"的角度来解释"道",更加从"道"的高度来关注"为",从而在中国哲学史上第一次将"为"提升到一个具有重要意义的哲学范畴。从"道"与"为"的内在关联来看,老子强调的"道常无为而无不为"其实可以从以下几个层面来理解:首先,天道自然无为,排除了神灵创世的作用。"道"作为天地万物存在的根本,具有"无为"的特点。老子把宇宙的创造回归到宇宙本身,认为"道"生化养育了天地万物,即"道生一,一生二,二生三,三生万物"。老子认为"道"生万物而不视为己有,"道"作用于万物而不居功自恃,"道"

作为万物的根本而不主宰它们。"道常无为而无不为",老子的真意就是用"无为"的手段来达到"无不为"的效果,实现其在现实人生中的理想。

　　笔者历经了股市二十三个春秋,生死轮回数次,回首这一路走来,悟出"无为而至无不为"此重心境。我们的市场一直按着自己的法则运行着,市场中任何资金涌现、政策出台以及题材产生都受其影响支配。每位投资者都得努力去学习有关这个市场的专业知识,随着学习的不断深入逐渐熟悉我国股市的运行规则,而最后,我们需要做的就是顺着股市自然发展的态势去交易,最终实现"无为而至无不为"的境界。

第四节 市场与人生

笔者回想自己23年的从业经历，从第一天踏进这个市场，我的命运就和这个股市紧密地交织在一起，生活就如K线一般上天入地，股市的轮回亦是人生的转换。在此之间，我死过很多回，但本着那颗初心，每次又涅槃重生。在笔者眼中，股市就是人生，人生亦是股市。

很喜欢王国维先生对于人生境界的描述："昨夜西风凋碧树，独上高楼，望尽天涯路"，此第一境也；"衣带渐宽终不悔，为伊消得人憔悴"，此第二境也；"众里寻他千百度，蓦然回首，那人却在灯火阑珊处"，此第三境也。本篇就从这三重人生境界说起吧。

第一境界是著名词人宰相晏殊的《蝶恋花·槛菊愁烟兰泣露》，这首颇负盛名的婉约词写出了寥廓高远的大境界。原词是：

槛菊愁烟兰泣露，罗幕轻寒，燕子双飞去。明月不谙离恨苦，斜光到晓穿朱户。

昨夜西风凋碧树，独上高楼，望尽天涯路。欲寄彩笺兼尺素，山长水阔知何处？

此一境界："望尽天涯路"正从一夜无眠生出，脉理细密。"西风凋碧树"不仅是登楼即目所见，而且包含有昨夜通宵不寐、卧听西风落叶的回忆。景既萧索，人又孤独，几乎言尽的情况下，作者又出人意料地展现出一片无限广远寥廓的境界："独上高楼，望尽天涯路。"这里固然有凭高望远的苍茫之感，也有不见所思的空虚怅惘，但这所向空阔、毫无窒碍的境界却又给主人公一种精神上的满足，这是从"望尽"一词中可以体味出来的。这三句虽然包含望而不见的伤离意绪，但感情悲壮，毫无纤柔颓靡。此境界，乃对人生的迷茫，孤独而不知前路几何。晏殊这首词写得可真是寥阔高远，道出了投资者孤独的心声，也同样写出了中国股民的迷茫。一入股市犹如"独上高楼"般空虚惆怅，对于中国股市投资方向更如"望尽天涯路"般悲壮，此情此景你是否感受颇深呢？中国股市怎么就这么难以琢磨呢？让众多投资者折戟沉沙，笔者认为股海无涯，只有勇于登高远望者才能寻找到自己要达到的目标，只有不畏惧孤独寂寞，才能探索有成。

第二境界是著名词人柳永的《凤栖梧·伫倚危楼风细细》，这首家喻户晓的词写出了曲径通幽之意境。原词是：

伫倚危楼风细细，望极春愁，黯黯生天际。草色烟光残照里，无言谁会凭阑意。

拟把疏狂图一醉，对酒当歌，强乐还无味。衣带渐宽终不悔，为伊消得人憔悴。

此一境界：词人所忧"春愁"，不外是"相思"二字。词行至此，可知满怀愁绪之所以挥之不去，正是因为他不仅不想摆脱这"春愁"的纠缠，甚至心甘情愿为"春愁"所折磨，即使渐渐形容憔悴、瘦骨伶仃，也决不后悔。投影至人生，第二境界乃有了目标，在追逐的道路上，求之不得之后形容消瘦而却继续追逐无怨无悔。柳永这首词写得可真是满怀愁绪，写出了投资者憔悴的内心，也同样道出了中国股民的执着。炒股数载被股市折磨得"为伊消得人憔悴"，但仍然对股市痴心不改"衣带渐宽终不悔"。

第三境界是词坛圣手辛弃疾的《青玉案·元夕》，这首著名的婉约词写出了最高人生意境。原词是：

东风夜放花千树。更吹落、星如雨。宝马雕车香满路。凤箫声动，玉壶光转，一夜鱼龙舞。

蛾儿雪柳黄金缕。笑语盈盈暗香去。众里寻他千百度。蓦然回首，那人却在，灯火阑珊处。

此一境界：寻觅千百次，竟然是在灯火冷落之处发现了那人。人们都在尽情地狂欢，陶醉在热闹场中，可是她却在热闹场外。灯火写得愈热闹，则愈显"那人"的清高；人写得愈忘情，愈见"那人"于世间的不同境地，更是在词人心中的不同境地。此处表明立志所追逐的,在足够的积累后,量变成为质变,不经意间已追逐到了。笔者认为这句话正如股海中经过长期的努力奋斗而无所收获,正值困惑难以解脱之际,突然获得成功的心情。踏破铁鞋无觅处,得来全不费工夫,乃恍然间由失望到愿望达成的欣喜。

无论是市场还是人生,都在循环往复着看山是山,看水是水;看山不是山,看水不是水;看山还是山,看水还是水。笔者以亲身经历告诉你,既然你选择了这个市场,无论多难多苦,一定要坚持下去,做股票真的是一个特别好的行当,正如李白诗所言:"大鹏一日同风起,扶摇直上九万里"。

后　记

　　本书是笔者二十三年股市生涯的思考和总结，每章内容都来自市场一线搏杀的感悟和体会，可谓是啼血之作。在写本书前，我考虑了许久，想想自己的年岁已快半百，本不愿再做这些图名之事，加之许多陈年往事也不愿再提。但最终，笔者还是坚定了信念要把这本书分享给大家，这都源于对中国股市的情怀，想着这一生总要为我国的股市做点什么。看到我国股市中的芸芸众生仍处于水深火热之中，作为一个三起三落、伤痕累累的老兵，我深知他们的辛酸苦辣与五味杂陈。我愿意和大家分享我用无数金钱与泪水换来的教训和经验，哪怕这本书只让一部分人有所感悟和启发，笔者也将倍感欣慰。

　　读完此书的读者要知道，本书绝不是一本教你一招一式炒股的书籍，其中所讲的道论投资体系，是我自己一直所使用的投资战略，是经得住牛熊考验切实可行的方法。如果你是专业机构，希望你可以将本书所讲的作为前车之鉴，不要走我曾经走过的弯路；如果你是散户，希望你可以深刻理解本书的精髓，拥有和机构一样的投资理念，做到可以洞悉大资金的投资脉搏，最终实现财务自由。希望我们大家都能在道论投资的逻辑下，为中国股市的发展贡献一份力量。

　　当然，本书还有许多可以继续深入挖掘的地方，如果还有机会，笔者可以给大家讲讲许多不为人知的股市传奇故事，这些故事想必只能在下一本书进行讲述了。我计划在下一本书里重点讲讲股市中各大机构的操作手法：比如公募基金经理的操作逻辑和手法，私募基金经理的选股和交易原则，以及现在比较知名的某游资的封板手法和思路等。想必会给大家带来更多的启发，但这些都是建立在完全吃透本书的基础上。本书正是内功的修炼，不吃透，

后　记

再多的学习也是枉然。

在我从业的二十三年里，我要由衷地感谢我的同事、朋友和家人。首先要感谢我的同事，二十年前和我一起并肩作战在股市一线的同事，如今已是各大金融机构的领导者，感谢他们当初一起工作、一起学习，相互提高了投资本领。同时也要感谢我身边的朋友，是他们在我几次人生低谷时为我提供了援手，让我得以在负债累累的深渊里涅槃重生。最后，要感谢我的父母和家人，年迈的父母理解和鼓励了落魄中的我，并继续为我遮风挡雨。每念及此，依然激动不已，心存感激。

最后祝愿每个投资者的灵魂都能在股市的磨炼中得到升华，祝大家投资顺利。

姜小白于上海外滩

2020 年 7 月 1 日